D1753225

Schnelle Partyküche

FÜR DIE
MONSIEUR CUISINE PLUS
KÜCHENMASCHINE

ABKÜRZUNGEN

cl = Zentiliter
E = Eiweiß
El = Esslöffel
F = Fett
g = Gramm
kcal = Kilokalorien
kg = Kilogramm
KH = Kohlenhydrate
kJ = Kilojoule
l = Liter
ml = Milliliter

Msp. = Messerspitze
P. = Päckchen
TK = Tiefkühlprodukt
Tl = Teelöffel
Ø = Durchmesser

Bildnachweis

Studio Klaus Arras, Köln: S. 3 re. u. Mi., 9, 26, 37, 62, 65, 67, 70, 73, 74, 77, 79, 85, 87, 99, 101, 102, 107 und 109
pm-photography, Bremen: S. 7 oben, 53 und 61
© rashadashurov – Fotolia.com: Symbole Infoleiste (Schüssel, Kochmütze und Waage)
TLC Fotostudio, Velen-Ramsdorf: Alle übrigen Fotos

Symbole Infoleiste

- Portionen
- Schwierigkeitsgrad
- durchschnittliche Nährwerte
- Zubereitungszeit (+ zusätzliche Zeiten)

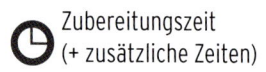

INHALT

Einleitung	4
Knabbern & Dippen	8
Suppen & Eintöpfe	30
Umhüllt & gefüllt	44
Fleisch & Geflügel	58
Fisch & Meeresfrüchte	72
Vegetarisch	84
Süßes	98
Cocktails & Drinks	118
Rezeptverzeichnis	128

Kochen mit der
MONSIEUR CUISINE-
KÜCHENMASCHINE

DIE MONSIEUR CUISINE-KÜCHENMASCHINE IST EIN WAHRES MULTITALENT. SIE ERSETZT VIELE GERÄTE, DIE ANSONSTEN UNNÖTIG PLATZ IN IHRER KÜCHE EINNEHMEN WÜRDEN. AUSSERDEM MACHT DAS KOCHEN MIT IHR EINFACH SPASS.

Zerkleinern, Pürieren, Mixen, Rühren, Schlagen, Emulgieren, Dünsten und Garen erledigt die Monsieur Cuisine-Küchenmaschine auf Knopfdruck und in kürzester Zeit. So sparen Sie Zeit und Energie. Und mit der Dampfgarfunktion wird die tägliche Zubereitung von gesunden und ausgewogenen Speisen zum Kinderspiel.

Sowohl warme als auch kalte Gerichte lassen sich in kürzester Zeit einfach herstellen – dank integrierter Heizfunktion und einstellbarer Temperatur kein Problem. Eine frische Gemüsecremesuppe und luftiges Kartoffelpüree sind mit der Monsieur Cuisine-Küchenmaschine schnell zubereitet. Ebenso ein vitaminreicher Smoothie, eine fruchtige Konfitüre, ein frischer Rohkostsalat mit entsprechendem Dressing, ein feines Dessert mit geschlagenem Eiweiß oder frisch geschlagene Sahne für eine Torte.

Unser Kochbuch bietet Ihnen viele abwechslungsreiche Rezepte für die Monsieur Cuisine-Küchenmaschine. Es versteht sich aber nicht als Bedienungsanleitung, diese liegt Ihrem Gerät gesondert bei. Dennoch möchten wir Ihnen nachfolgend ein paar generelle Tipps geben, die Ihnen bei der Benutzung des Gerätes und dem Nachkochen der Rezepte hilfreich sein werden. In jedem unserer Rezepte sind die einzelnen Arbeitsschritte mit entsprechenden Maschineneinstellungen detailliert angegeben, damit alles gut gelingt. Dabei sind die Einstellungen und Zeitangaben Richtwerte, die je nach Konsistenz oder Größe der einzelnen Lebensmittel leicht variieren können.

TIPPS & TRICKS ZUM GENERELLEN UMGANG MIT DEM GERÄT

- Wählen Sie einen standfesten und freien Arbeitsplatz als Standort für die Monsieur Cuisine-Küchenmaschine.
- Der Mixbehälter sollte vor dem ersten Arbeitsgang immer sauber, fettfrei und trocken sein. Fett lässt sich besonders gut durch einen Spritzer Zitronensaft oder -konzentrat aus dem Mixbehälter entfernen.
- Beachten Sie unbedingt folgende maximale Füllmengen bei Ihrer Monsieur Cuisine-Küchenmaschine:
  - Maximal 500 g Mehl für Teige verwenden.
  - Maximal 500 g Hackfleisch pro Rezept verwenden.
  - Die maximale Füllmenge von 2,2 l darf nicht überschritten werden.
- Den Messbecher immer einsetzen, soweit nichts anderes im Rezept vermerkt ist. (Es sei denn, Sie benutzen die Anbrat-Taste.)
- Beachten Sie, dass der Messbecher bei eingeschalteter Heizfunktion heiß wird und dass bei der Zugabe weiterer Zutaten durch die Einfüllöffnung möglicherweise heißer Dampf entweichen kann.
- Es empfiehlt sich, die zerkleinerten oder aufgeschlagenen Lebensmittel zwischen den Arbeitsschritten

mit dem Spatel an der Innenwand des Mixbehälters hinunter zu schieben. Dies ist insbesondere nötig, wenn kleinere Mengen zerkleinert und anschließend angedünstet werden sollen.

FUNKTIONEN IM ÜBERBLICK

Zerkleinern und Pulverisieren

Das Zerkleinern von Zwiebeln, Möhren, Nüssen oder Schokolade gehört zur Vorbereitung vieler Gerichte einfach dazu. Oft nimmt genau diese Vorbereitung sehr viel Zeit in Anspruch. Zum Glück übernimmt ab jetzt die Monsieur Cuisine-Küchenmaschine diese Aufgaben. Egal, ob ein saftiger Rohkostsalat mit Möhren, Sellerie und Äpfeln oder ein feiner Weißkohlsalat zubereitet werden soll, die Zutaten sind nun schnell und einfach zerkleinert. Gehackte Zwiebeln – eine Grundzutat für unzählige Gerichte aller Art – sorgen nicht mehr für Tränen bei der Zubereitung und frischen Parmesan für die Spaghetti Bolognese haben Sie im Handumdrehen in größerer Menge gerieben. Selbst Nüsse oder Mandeln sind im Nu ganz fein zerkleinert.

3 wichtige Regeln
- Lernen Sie die Monsieur Cuisine-Küchenmaschine kennen und beginnen Sie mit dem Zerkleinern auf kleiner Stufe und mit kurzen Zeitintervallen, bis die gewünschte Konsistenz erreicht ist. So können Sie – unabhängig von unseren Rezeptvorgaben – die für Sie am besten geeignete Zeit und Stufe beim Zerkleinern herausfinden.
- Käse, Nüsse und Schokolade immer zu Beginn eines Kochvorgangs zerkleinern, dann ist der Mixbehälter noch trocken und kühl.
- Wenn eine größere Menge Nüsse oder Schokolade benötigt wird, empfiehlt es sich, den Zerkleinerungsvorgang in Teilmengen vorzunehmen. So erhalten Sie ein gleichmäßiges Ergebnis.

Pürieren, Rühren und Aufschlagen

Vorgegartes Gemüse lässt sich wunderbar pürieren und im Handumdrehen in eine frische Gemüse-Cremesuppe verwandeln, ohne dass Sie am Herd stehen und ständig rühren müssen, damit nichts ansetzt. Das übernimmt die Monsieur Cuisine-Küchenmaschine für Sie. Ebenso wird der fruchtige Frühstücks-Smoothie püriert, die leckere Obst-Konfitüre gerührt oder die feine Schokoladen-Mousse aufgeschlagen. Aioli, Mayonnaise und Remoulade sind schnell und einfach selbst hergestellt.

5 wichtige Regeln
- Den Püriervorgang stufenweise erhöhen, bis die im Rezept vorgegebene Höchststufe erreicht ist. So wird das beste Ergebnis erzielt.
- Luftiges Aufschlagen für Eiweiß oder Schlagsahne gelingt perfekt mit dem eingesetzten Rühraufsatz. Beachten Sie, dass dieser nur bis max. Stufe 4 eingesetzt werden darf.
- Zum cremigen Aufschlagen (z. B. von Smoothies) empfiehlt es sich, ohne Rühraufsatz zu arbeiten. Gute Ergebnisse erreichen Sie bei Einstellung auf Stufe 8

und wenn die Masse mindestens 30 Sekunden oder länger aufgeschlagen wird.
- Wenn alle Lebensmittel die gleiche Temperatur haben, klappt das Emulgieren am besten. Mayonnaise z. B. lässt sich mit der Monsieur Cuisine-Küchenmaschine auf Stufe 4 innerhalb von ca. 5 Minuten herstellen. Im Unterschied zum konventionellen Mayonnaise-Rezept wird hier allerdings das ganze Ei verwendet und nicht nur das Eigelb.
- Bei der Verwendung von großen und heißen Flüssigkeitsmengen schaltet Ihre Küchenmaschine stufenweise hoch. Dadurch wird ein Herausspritzen und Überschwappen bei größeren Flüssigkeitsmengen vermieden.

Kochen und Dünsten

Die Zubereitung klassischer Alltagsgerichte, Beilagen und Saucen ist dank der integrierten Kochfunktion der Monsieur Cuisine-Küchenmaschine kein Problem. Ohne einen zusätzlichen Topf auf dem Herd sind Kartoffeln, Nudeln oder Reis ohne großen Aufwand schnell gekocht. Frisches Sauerkraut oder frischer Rotkohl sind fast ebenso schnell zubereitet wie eine würzige Bolognese-Sauce oder ein Curry.

Die Zubereitung vieler Speisen beginnt mit dem Andünsten oder Anbraten von Wurzelgemüse, Zwiebeln oder Knoblauch in Öl oder Butter. Durch diesen Vorgang entwickeln sich Röstaromen, die vielen Rezepten erst den richtigen Pfiff geben.

Mit der integrierten Kochfunktion der Monsieur Cuisine-Küchenmaschine wird dieser Prozess innerhalb von wenigen Minuten erledigt. Der Röstgrad ist etwas geringer als bei der klassischen Zubereitung im Topf, für die Aromagewinnung ist er jedoch völlig ausreichend.

2 wichtige Regeln
- Bei empfindlichen Gerichten, die nur gerührt, aber nicht zerkleinert werden sollen (z. B. Risotto, stückige Suppen) empfiehlt sich sanftes Rühren auf Stufe 1, oder, noch besser, der Linkslauf.
- Um Schaumbildung beim Kochen von Nudeln, Reis oder Linsen zu vermeiden, geben Sie 1 Tl Butter oder Öl ins Kochwasser.

Schonendes Garen mit Dampf

Die Zubereitung von Lebensmitteln mit heißem Wasserdampf garantiert ein sehr schonendes Garen der Speisen. Vitamine und Aromen bleiben erhalten und die Gerichte schmecken so aromatischer. Auf die Zugabe von Salz kann verzichtet werden, zudem werden Fett und somit auch überflüssige Kalorien gespart. Dies bildet die Grundlage für eine gesunde Ernährung.

Die Monsieur Cuisine-Küchenmaschine mit ihrem Automatikprogramm „Dampfgaren" gestattet diese schonende Garmethode. Durch die Möglichkeit, gleichzeitig auf mehreren Ebenen zu garen, lassen sich komplette Gerichte in einem Arbeitsablauf zubereiten – und das spart Energiekosten.

Wo Wasserdampf austritt, wird es heiß. Achten Sie also darauf, dass die Monsieur Cuisine-Küchenmaschine frei steht, sodass austretender Dampf problemlos entweichen kann.

Sicher ist sicher: Benutzen Sie deshalb immer Topflappen zum Anfassen des Dampfbehälters und heben Sie den Deckel stets in die Ihnen abgewandte Richtung ab.

6 wichtige Regeln
- Den Dampfgarbehälter immer gut festdrehen.
- Das Gargut gleichmäßig im Dampfeinsatz verteilen und dabei einige Schlitze frei lassen, damit der Dampf sich frei verteilen kann. Nur so ist gewährleistet, dass alle Zutaten gleichmäßig gegart werden.
- Beim Dampfgaren von Fisch und Fleisch empfiehlt es sich, den Dampfeinsatz mit einem angefeuchteten Stück Back- oder Pergamentpapier auszulegen, damit die Speisen nicht am Einsatz anhaften. Wichtig: Einige Schlitze müssen frei bleiben, sodass der Dampf zirkulieren kann.
- Wählen Sie für Zutaten mit kürzerer Garzeit den flachen Dampfeinsatz.

- Je nach Größe, Dicke und Konsistenz des Garguts kann die Garzeit von den Angaben im Rezept etwas abweichen.
- Zum Dampfgaren den Mixbehälter immer mit genügend Flüssigkeit (mindestens 500 ml beim Dampfgaren im Kocheinsatz, 1 l beim Dampfgaren im Dampfeinsatz) füllen. Die Flüssigkeit (z. B. Wasser oder Brühe, je nach Rezept) wird auf 120 °C erhitzt, Dampf entsteht, dieser steigt nach oben auf und zirkuliert im Dampfeinsatz.

DER BESONDERE TIPP:

Verwenden Sie die Dampfgarflüssigkeit zur Herstellung von Saucen – so werden diese besonders aromatisch.

ALLE TASTEN UND AUTOMATIKPROGRAMME IM ÜBERBLICK:

Programmtaste TARA
Platzieren Sie den Mixbehälter auf der Waage und drücken Sie **TARA**. Jetzt können Sie Zutaten einfüllen und das Gewicht wird Ihnen angezeigt. Um die Waage auszuschalten, drücken Sie erneut für einige Sekunden TARA oder drehen Sie an einem beliebigen Knopf.

Programmtaste TURBO
Die **Turbo-Taste** ist bei schnell zu zerkleinernden Lebensmitteln zu verwenden (z. B. Knoblauchzehen). Sie wird aktiviert durch Drücken und Halten. Die Turbo-Taste funktioniert nur ohne eingestellte Temperatur, also ausschließlich bei kalten Zutaten.

Programmtaste KNETEN
Drücken Sie die **Teigknet-Taste**, so ist folgendes Programm voreingestellt: **Dauer: 1,5 Minuten.** Die Dauer kann bis auf 3 Minuten erhöht werden. Temperatur und Geschwindigkeit sind nicht verstellbar. Das Programm läuft abwechselnd rechts und links und legt automatisch Pausen ein.

Programmtaste DAMPFGAREN
Drücken Sie die **Dampfgar-Taste**, so ist folgendes Programm voreingestellt: **20 Minuten/120 °C/Stufe 1.**
Die Zeit kann auf maximal 60 Minuten geändert werden. Temperatur und Geschwindigkeit sind nicht verstellbar. Solange der Dampfgarer heizt, blinkt die Dampfgar-Taste. Die eingestellte Zeit läuft erst ab, wenn die erforderliche Temperatur erreicht ist (dauert ca. 10 Minuten). Möchte man den Vorgang des Aufheizens unterbrechen (weil beispielsweise Mixbehälter und Inhalt sowieso noch heiß sind), drücken Sie erneut die Dampfgar-Taste, um den Aufheiz-Vorgang abzubrechen.

Programmtaste ANBRATEN
Drücken Sie die **Anbrat-Taste**, so ist folgendes Programm voreingestellt: **7 Minuten/130 °C/Stufe 1.**
Ebenso ist der Linkslauf voreingestellt. Die Zeit kann hier auf bis zu 14 Minuten erhöht werden und auch die Temperatur ist regulierbar. Die Geschwindigkeit kann nicht verändert werden. Beim Anbraten erhitzt sich der Boden des Mixbehälters auf 130 °C. Die Messer rotieren nur im Linkslauf, sodass nichts zerkleinert wird. Zwischen den einzelnen Rührvorgängen legt das Gerät automatisch Pausen ein, sodass ausreichend Röstaromen entstehen können. Wenn die Anbrat-Taste verwendet wird, entfernen Sie bitte den Messbecher aus dem Deckel des Mixbehälters, damit der Dampf entweichen kann.

Programmtaste LINKSLAUF
Im **Linkslauf** rührt das Gerät, zerkleinert aber nicht. Er kann bis maximal Stufe 3 benutzt werden. Die Temperatur ist frei wählbar, die Zeit ebenso.

PEPERONATA

**FÜR 4 GLÄSER
À 250 ML**

500 g reife Fleischtomaten
1 Zweig Thymian
1 Zweig Rosmarin
1 Zweig Oregano
250 g Zwiebeln
2 Knoblauchzehen
2 frische rote Chilischoten
1 kg rote Paprikaschoten
70 ml Olivenöl
3 Lorbeerblätter
Salz
Pfeffer
2 El Tomatenmark

Die Tomaten waschen, kreuzweise einritzen, den Stielansatz entfernen, mit kochendem Wasser überbrühen und häuten. Anschließend entkernen, grob hacken und beiseite stellen.

Die Kräuter waschen, trocken schütteln, Nadeln und Blättchen von den Zweigen abstreifen und im Mixbehälter **ca. 3 Sek./Turbo-Taste** zerkleinern. Umfüllen und den Mixbehälter reinigen.

Zwiebeln schälen und halbieren, Knoblauch schälen. Chilis und Paprikaschoten putzen, entkernen und waschen. Paprika in grobe Stücke schneiden. Alles in den Mixbehälter geben, **ca. 15 Sek./Stufe 6** zerkleinern und mithilfe des Spatels Richtung Mixbehälterboden schieben.

Olivenöl, Lorbeerblätter, Salz und Pfeffer hinzufügen und alles **ca. 7 Min./100 °C/Stufe 1** dünsten. Dann die Tomaten und das Tomatenmark zugeben und **ca. 35 Min./90 °C/Stufe 1/Linkslauf** garen. Ca. 10 Minuten vor Ende der Garzeit die zerkleinerten Kräuter durch die Einfüllöffnung des Mixbehälters zu der Peperonata geben und mitköcheln lassen.

Die sauberen Gläser noch heiß aus der Spülmaschine nehmen und bis zum Befüllen mit der Öffnung nach unten auf ein sauberes Küchentuch stellen. Beim Handspülen die Gläser möglichst heiß mit klarem Wasser nachspülen, dann ebenfalls zum Abtropfen auf das Küchentuch stellen.

Die Peperonata in die Gläser füllen, sofort verschließen und die Gläser 5 Minuten auf den Kopf stellen. Dunkel und kühl lagern.

Für 4 Gläser à 250 ml | Einfach | Pro Glas ca. 240 kcal/1020 kJ 4 g E, 19 g F, 15 g KH | Zubereitung: ca. 30 Min. (40 Min. Garen)

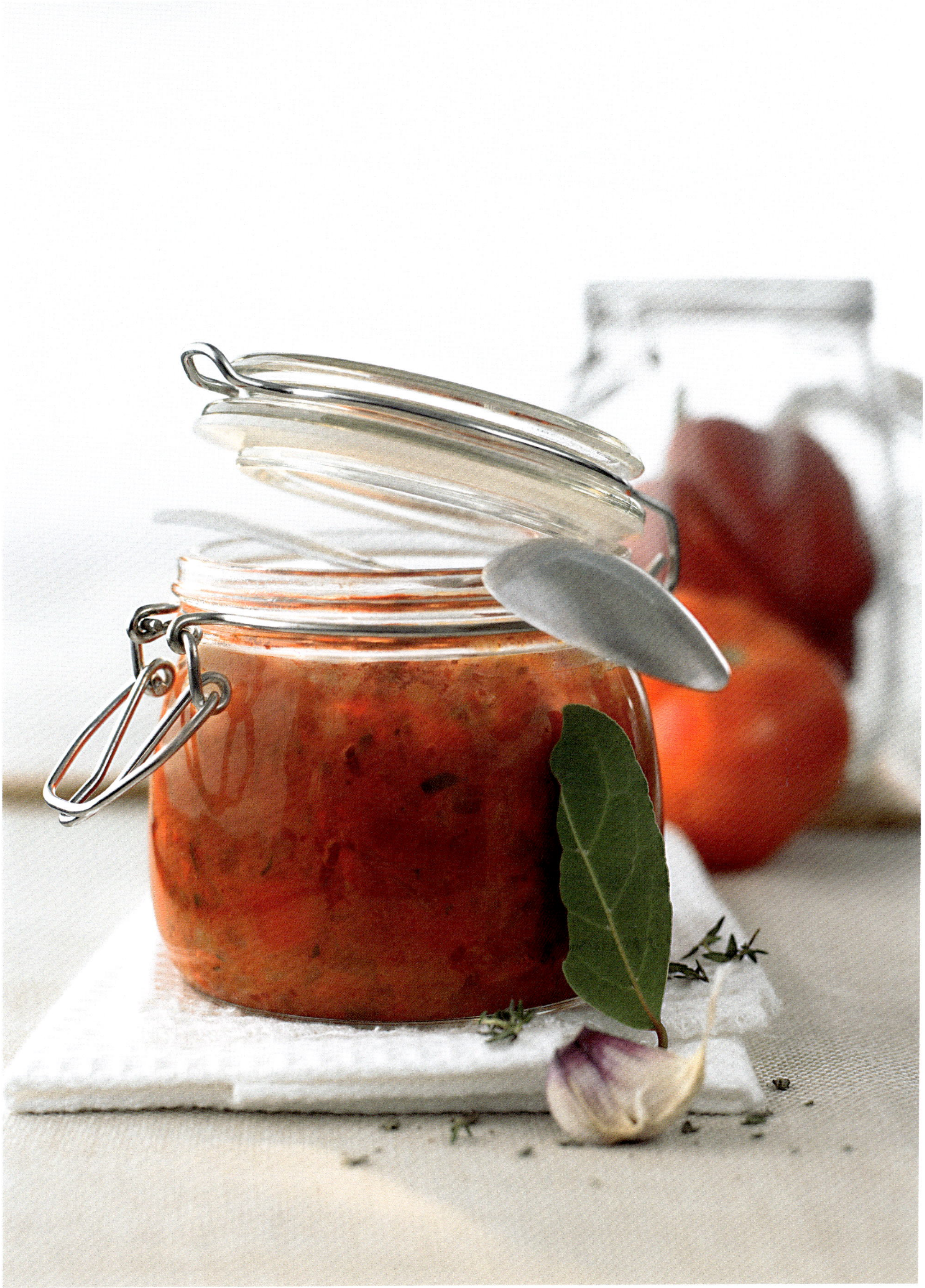

KUGELBRÖTCHEN
mit Oliven

FÜR 7–8 STÜCK

40 g schwarze Oliven
3 getrocknete Tomaten in Öl
1 Schalotte
2 El Olivenöl
150 g Mehl
1 Prise Zucker
2 Tl Trockenhefe
1 Ei
Salz
Pfeffer
ggf. 1 El Milch

Die Oliven entsteinen, die Tomaten abtropfen lassen, beides in den Mixbehälter geben und **ca. 2 Sek./Turbo-Taste** zerkleinern. Umfüllen und den Mixbehälter reinigen. Die Schalotte schälen, in den Mixbehälter geben und **ca. 2 Sek./Turbo-Taste** zerkleinern. Mithilfe des Spatels Richtung Mixbehälterboden schieben, 1 El Öl zugeben und die Schalotte darin **ca. 2 Min./Anbrat-Taste** glasig schmoren.

Mehl, Zucker, Hefe, Ei, restliches Olivenöl, Tomaten, Oliven, Salz und Pfeffer zu der Schalotte in den Mixbehälter geben und mit der **Teigknet-Taste** zu einem festen Teig verarbeiten. Wird der Teig zu fest, 1 El Milch zugeben und erneut kurz durchkneten. Den Teig abgedeckt an einem warmen Ort etwa 1 Stunde gehen lassen.

Danach den Teig noch einmal kurz von Hand durchkneten, daraus etwa 8 Brötchen formen und auf ein mit Backpapier ausgelegtes Backblech setzen. Weitere 10 Minuten gehen lassen.

Die Brötchen mit etwas Wasser besprenkeln. Anschließend das Backblech in den kalten Backofen schieben und auf 200 °C (Umluft 180 °C) heizen. Die Brötchen etwa 20 Minuten backen.

Für 7–8 Stück | Einfach | Pro Stück ca. 45 kcal/188 kJ 1 g E, 3 g F, 1 g KH | Zubereitung: ca. 20 Min. (1 Std. 10 Min. Gehen, 20 Min. Backen)

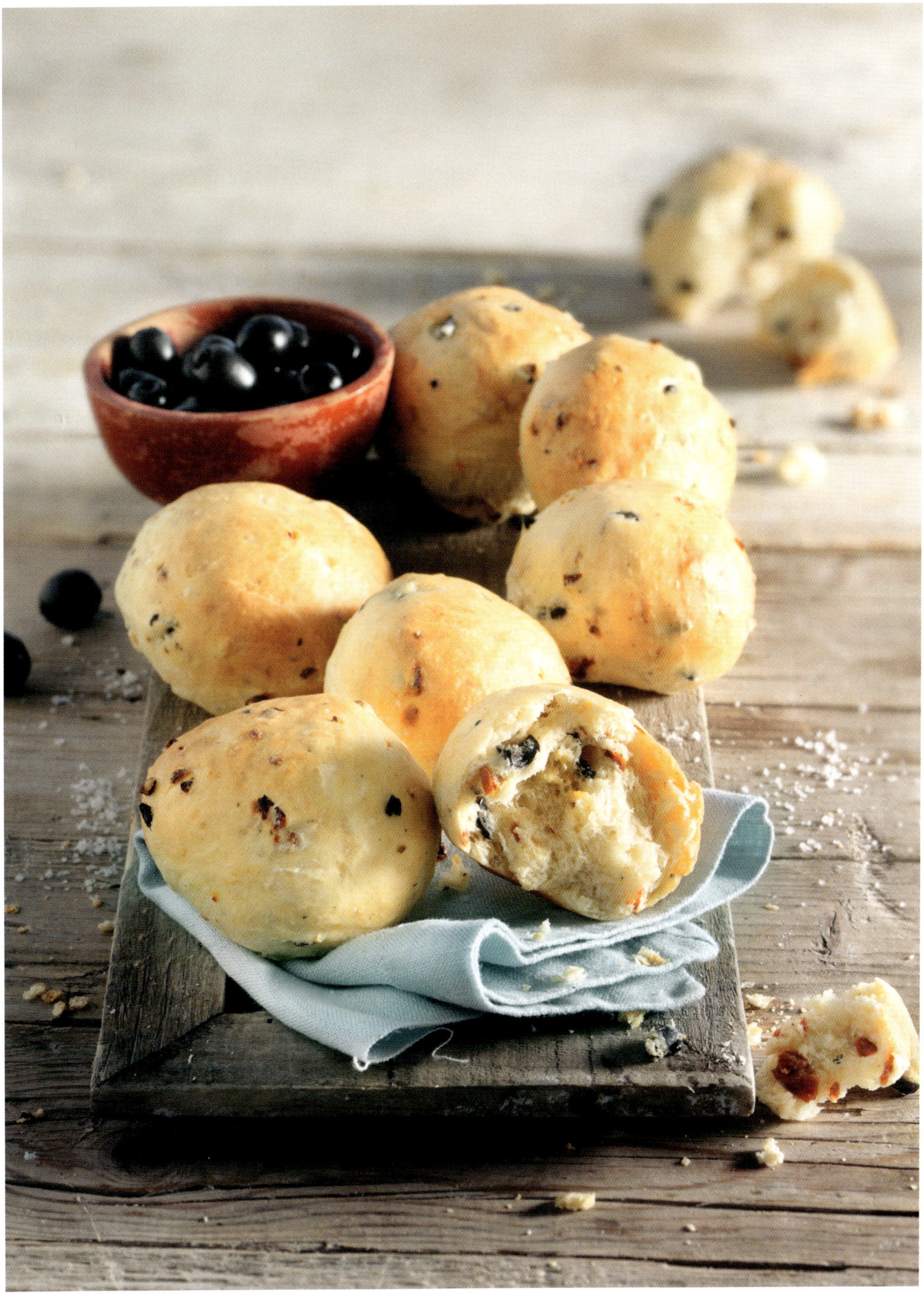

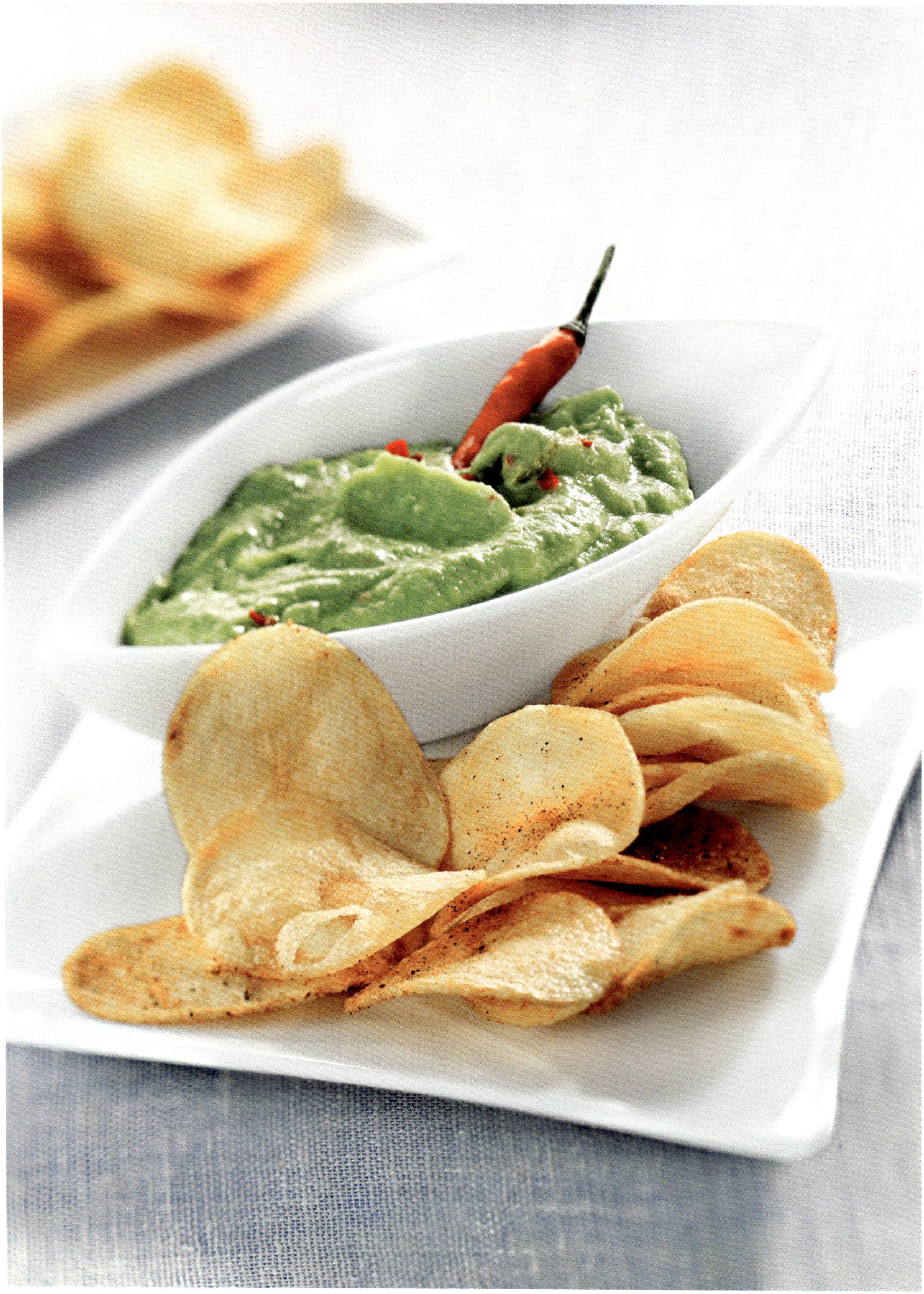

KARTOFFELCHIPS
mit Guacamole

Den Backofen auf 180 °C (Umluft 160 °C) vorheizen. Die Kartoffeln schälen und mit dem Gemüsehobel in dünne Scheiben hobeln.

Ein Backblech einölen und die Kartoffelscheiben darauf verteilen. Mit Salz und Paprikapulver bestreuen und im Ofen etwa 20 Minuten backen, bis sie knusprig sind.

Für die Guacamole die Avocados halbieren, den Stein entfernen und das Fruchtfleisch aus der Schale lösen. Die Chilischote putzen, entkernen und waschen.

Chilischote in den Mixbehälter geben, **ca. 3 Sek./Turbo-Taste** zerkleinern und mithilfe des Spatels Richtung Mixbehältermesser schieben. Die übrigen Zutaten zugeben und **ca. 30 Sek./Stufe 5** gut verrühren. Pikant abschmecken und ca. 30 Minuten ziehen lassen. Die Kartoffelchips mit der Guacamole servieren.

FÜR 4 PORTIONEN

FÜR DIE KARTOFFELCHIPS:
4 große Kartoffeln
2 Tl Salz
2 Tl Paprikapulver
Fett für das Blech

FÜR DIE GUACAMOLE:
2 reife Avocados
1 rote Chilischote
Saft von 1 Zitrone
150 g saure Sahne
Salz
Pfeffer
Cayennepfeffer

Für 4 Portionen | Einfach | Pro Portion ca. 463 kcal/1938 kJ 7 g E, 32 g F, 32 g KH | Zubereitung: ca. 25 Min. (20 Min. Backen, 30 Min. Ziehen)

THUNFISCHDIP UND SCHAFSKÄSEDIP

THUNFISCHDIP
FÜR 4 PORTIONEN

4 Zweige Petersilie
2 Dosen Thunfisch (à 175 g)
1 Knoblauchzehe
250 g Mascarpone
3 El Sahne
2 El Tomatenmark
Salz, Pfeffer, Zitronensaft

Die Petersilie waschen, trocken schütteln, die Blättchen von den Stielen zupfen und im Mixbehälter **ca. 3 Sek./Turbo-Taste** zerkleinern. Aus dem Mixbehälter nehmen und beiseitestellen. Den Mixbehälter reinigen.

Den Thunfisch abtropfen lassen. Die Knoblauchzehe schälen und im Mixbehälter **ca. 3 Sek./Turbo-Taste** fein zerkleinern. Dann mithilfe des Spatels Richtung Mixbehältermesser schieben.

Den abgetropften Thunfisch, Mascarpone, Sahne, Tomatenmark, Salz, Pfeffer und Zitronensaft in den Mixbehälter geben und alles **ca. 30 Sek./Stufe 4** cremig rühren. Dip abschmecken und mit der zerkleinerten Petersilie garniert servieren.

Für 4 Portionen | Einfach | Pro Portion ca. 392 kcal/1641 kJ, 22 g E, 32 g F, 3 g KH | Zubereitung: ca. 15 Min.

SCHAFSKÄSEDIP
FÜR 4 PORTIONEN

1 rote Paprikaschote
1 grüne Chilischote
250 g Schafskäse
60 ml Olivenöl
Saft von 1 Limette
30 ml Milch, 3 El Joghurt
Salz, Pfeffer

Die Paprika- und die Chilischote waschen, trocken tupfen, halbieren, Stielansätze entfernen, entkernen und im Backofen unter dem heißen Grill mit der Schale nach oben so lange rösten, bis die Schale schwarz ist. Beide Schoten in einem Frühstücksbeutel abkühlen lassen und anschließend häuten.

Die Paprika- und die Chilischote mit den restlichen Zutaten in den Mixbehälter geben, **ca. 20 Sek./Stufe 8** pürieren und abschmecken.

Für 4 Portionen | Einfach | Pro Portion ca. 302 kcal/1264 kJ, 11 g E, 27 g F, 2 g KH | Zubereitung: ca. 10 Min. (10 Min. Rösten, 15 Min. Abkühlen)

Tipp

Der Thunfischdip passt gut zu Gemüsesticks, Baguette oder Crackern, der Schafskäsedip zu Salzgebäck, Weißbrot oder Gemüsesticks.

ROHKOST
mit zweierlei Dips

FÜR 4 PORTIONEN

FÜR DIE ROHKOST:
4 Möhren
½ weißer Rettich
1 rote Paprikaschote
1 gelbe Paprikaschote
1 grüne Paprikaschote
2 Stangen Staudensellerie

FÜR DEN TOMATENDIP:
250 ml Salatcreme
 oder Mayonnaise
5 El saure Sahne
5 El Quark
2 El Tomatenmark
Salz, Pfeffer
2 El gewürfelte Tomaten

FÜR DEN KÄSE-CURRY-DIP:
250 ml Salatcreme
 oder Mayonnaise
5 El saure Sahne
5 El Hüttenkäse
2 Tl Curry
Salz, Pfeffer, Zucker

Die Möhren und den Rettich putzen und schälen, Paprikaschoten und Sellerie waschen und putzen. Das Gemüse in dünne Streifen schneiden und auf einer Platte anrichten.

Für den Tomatendip die Salatcreme oder Mayonnaise mit saurer Sahne, Quark, Tomatenmark, Salz und Pfeffer in den Mixbehälter geben, **ca. 20 Sek./Stufe 4** cremig verrühren und abschmecken. Mit Tomatenwürfeln garniert servieren.

Für den Käse-Curry-Dip alle Zutaten im Mixbehälter **ca. 20 Sek./Stufe 4** cremig verrühren und pikant abschmecken.

Für 4 Portionen | Einfach | Pro Portion ca. 724 kcal/3031 kJ 7 g E, 71 g F, 12 g KH | Zubereitung: ca. 20 Min.

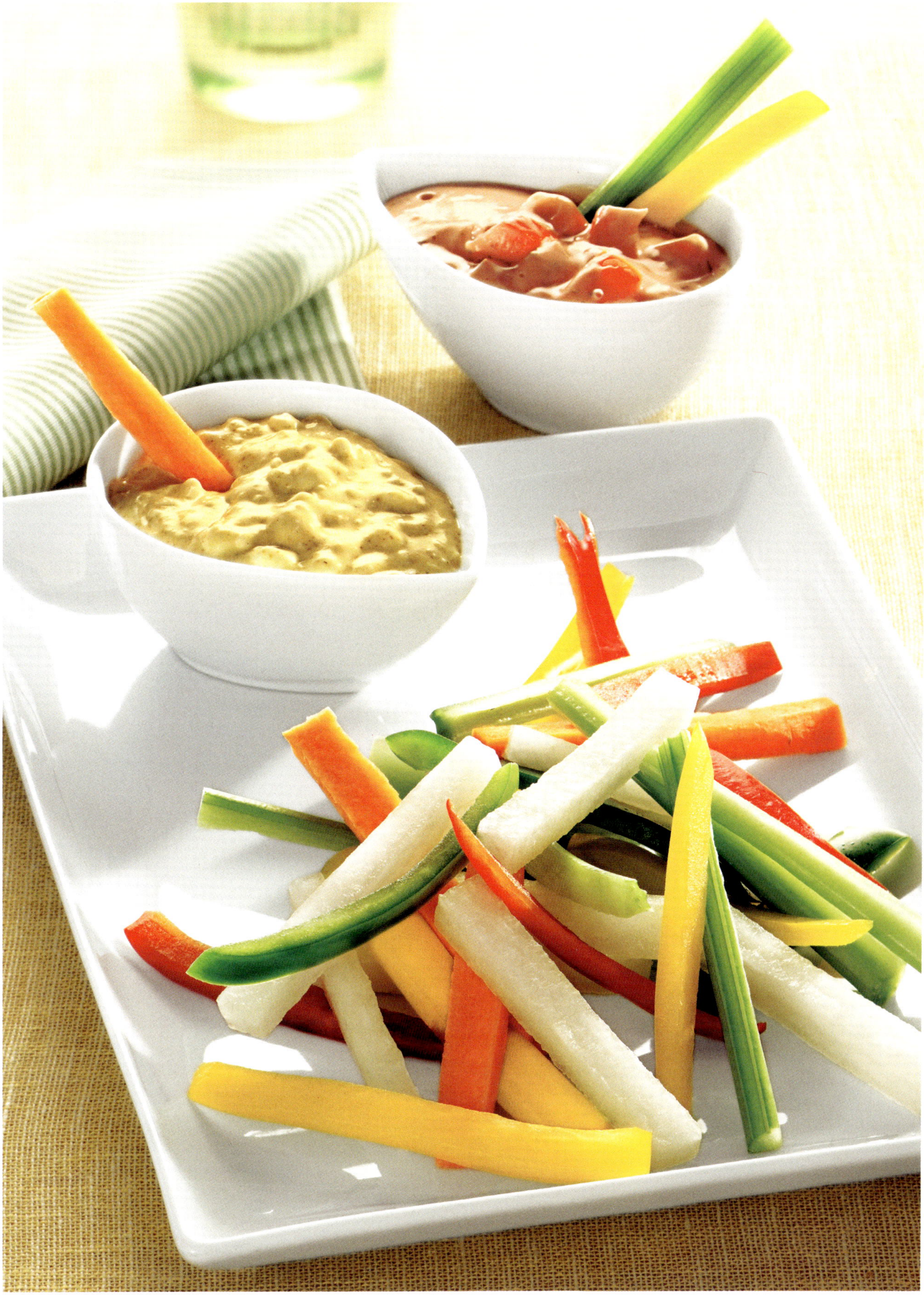

MANGO-CHUTNEY UND ANANAS-CHUTNEY

MANGO-CHUTNEY FÜR 1 GLAS À 250 ML

2 Mangos, 150 g brauner Zucker
8 El Himbeeressig
4 El Weißwein, 2 Tl Salz
20 g geriebener Ingwer
20 schwarze Pfefferkörner
2 Tl rosa Pfefferkörner
2 Zimtstangen, 3 Nelken
2 Lorbeerblätter
Paprikapulver, Cayennepfeffer

Die Mangos schälen, das Fruchtfleisch in Stücken vom Stein schneiden und mit 12 El Wasser und den restliche Zutaten in den Mixbehälter geben. **Ca. 40 Min./100 °C/Stufe 1/Linkslauf** mit offener Einfüllöffnung ohne Deckeleinsatz köcheln lassen, bis die Masse andickt.

Zimtstangen, Nelken und Lorbeerblätter entfernen und das Chutney in ein heiß ausgespültes Glas mit Schraubverschluss füllen, auf dem Kopf stehend abkühlen lassen und gekühlt aufbewahren.

Für 1 Glas à 250 ml | Einfach | Pro Glas ca. 266 kcal/1114 kJ 1 g E, 1 g F, 53 g KH | Zubereitung: ca. 10 Min. (40 Min. Garen)

ANANAS-CHUTNEY FÜR 2 GLÄSER À 250 ML

1 Ananas, 1 Zwiebel
1 Tl Zitronensaft, 1 El Rum
150 g brauner Zucker
1 Tl gemahlener Kreuzkümmel
½ Tl Zimt, 1 Tl gemahlener Ingwer
1 Tl Cayennepfeffer

Die Ananas schälen, den inneren Strunk und die „Augen" herausschneiden und das Fruchtfleisch grob würfeln. Die Zwiebel schälen, halbieren, in den Mixbehälter geben und **ca. 3 Sek./Turbo-Taste** zerkleinern. Mithilfe des Spatels Richtung Mixbehälterboden schieben.

Ananaswürfel, Zitronensaft, Rum, Zucker und Gewürze dazugeben und im Mixbehälter **ca. 25 Min./100 °C/Stufe 1/Linkslauf** mit offener Einfüllöffnung ohne Deckeleinsatz köcheln lassen, bis die Masse andickt.

Das Chutney in heiß ausgespülte Gläser mit Schraubverschluss füllen, auf dem Kopf stehend abkühlen lassen und gekühlt aufbewahren.

Für 2 Gläser à 250 ml | Einfach | Pro Glas ca. 251 kcal/1051 kJ 1 g E, 1 g F, 57 g KH | Zubereitung: ca. 10 Min. (25 Min. Garen)

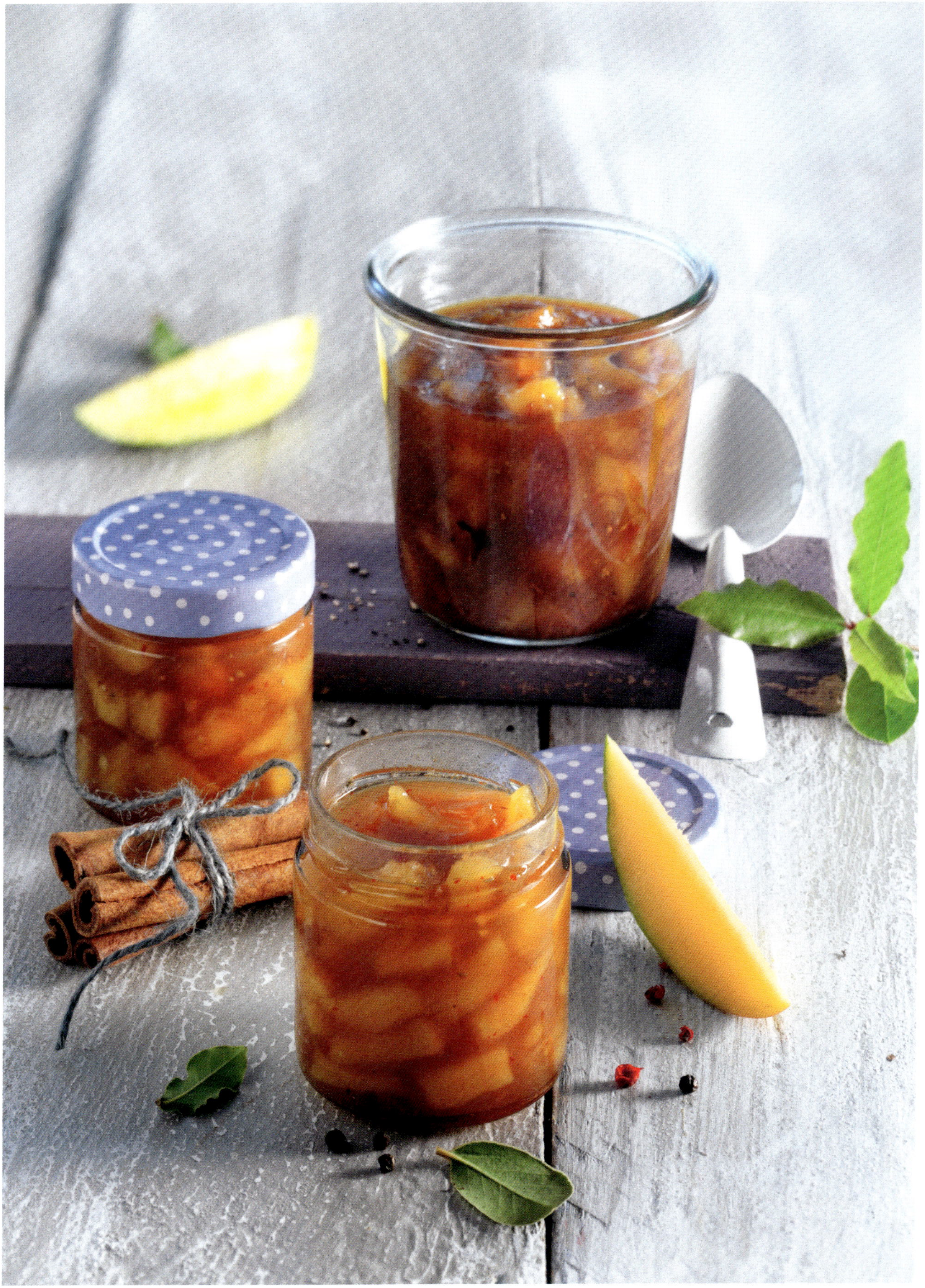

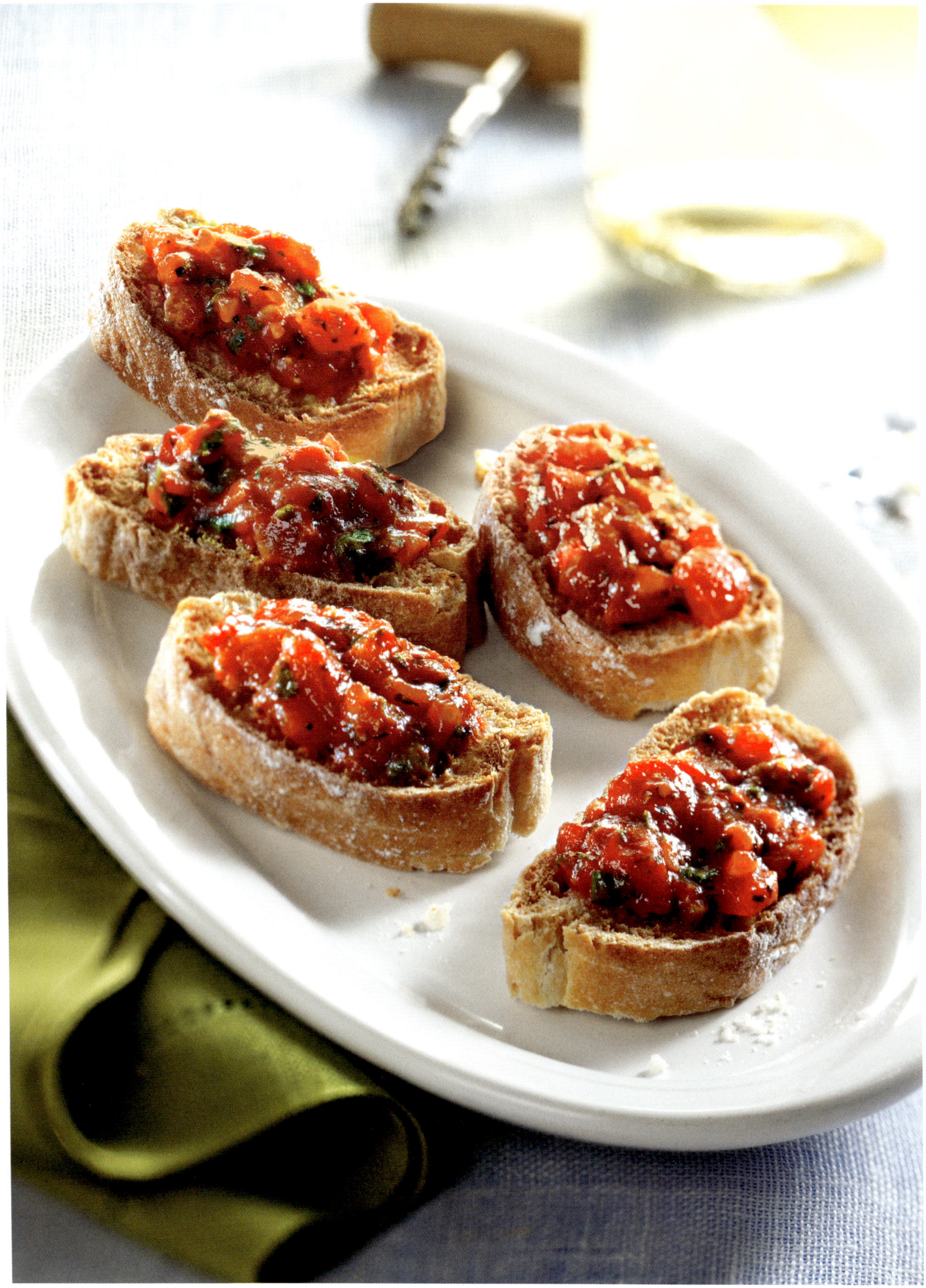

BRUSCHETTA
mit Tomaten

Den Backofen auf 220 °C (Umluft 200 °C) vorheizen. Das Brot nach Packungsanweisung backen und abkühlen lassen. Dann in 20 Scheiben schneiden und mit ca. 4 El Olivenöl beträufeln. Den Ofen nicht ausschalten.

Den Knoblauch schälen, in den Mixbehälter geben und **ca. 3 Sek./ Turbo-Taste** zerkleinern. Mithilfe des Spatels nach unten schieben.

Tomaten waschen, vierteln, Stielansätze entfernen, entkernen und das Fruchtfleisch würfeln. Das Basilikum waschen, trocken schütteln, die Blätter von den Zweigen zupfen und in Streifen schneiden. Tomaten und Basilikum in den Mixbehälter geben.

Restliches Olivenöl, Essig, Oregano, Thymian, Zucker, Salz und Pfeffer in den Mixbehälter geben und alles **ca. 8 Sek./Stufe 2** vermengen.

Die Brotscheiben im Ofen knusprig rösten, Tomatenaufstrich abschmecken, auf die Brotscheiben geben und sofort servieren.

FÜR 20 STÜCK

1 Ciabatta zum Fertigbacken
10 El Olivenöl
2–3 Knoblauchzehen
8 reife Tomaten
½ Bund Basilikum
1 El weißer Balsamico-Essig
½ Tl getrockneter Oregano
½ Tl getrockneter Thymian
1 Prise Zucker
Salz
Pfeffer

MINI-QUICHES
mit Sprossen

FÜR 16 STÜCK

125 g kalte Butter
220 g Vollkornmehl
220 g Quark
1 Tl gemahlener Koriander
Salz
Pfeffer
1 Schalotte
5 Cocktailtomaten
1 Handvoll gemischte Sprossen
½ Bund Petersilie
½ Bund Koriander
3 Eier
150 g Schmand
geriebene Muskatnuss
Fett für die Förmchen

Butter, Mehl, 1 El Quark, Koriander, Salz und Pfeffer in den Mixbehälter geben und **ca. 1 Min./Teigknet-Taste** zu einem geschmeidigen Teig verkneten. Ist er zu trocken, zusätzlich 2–3 El kaltes Wasser zugeben. Den Teig in Frischhaltefolie wickeln und im Kühlschrank etwa 30 Minuten ruhen lassen. Den Mixbehälter gründlich reinigen.

Den Backofen auf 200 °C (Umluft 180 °C) vorheizen. Die Schalotte schälen. Die Tomaten waschen und in Scheiben schneiden. Die Sprossen waschen und abtropfen lassen. Die Kräuter waschen, trocken schütteln und die Blättchen von den Zweigen zupfen. Schalotte mit den Kräutern in den Mixbehälter geben und **ca. 3 Sek./Turbo-Taste** zerkleinern. Anschließend mithilfe des Spatels nach unten schieben.

Die Eier, den restlichen Quark, Schmand, Salz, Pfeffer und Muskat in den Mixbehälter zugeben und **ca. 40 Sek./Stufe 4** verrühren. Die Sprossen zugeben und **ca. 5 Sek./Stufe 2** unterrühren.

16 Tarteletteförmchen (6 cm Ø) einfetten. Den Teig ausrollen und mit den Förmchen ausstechen. Den Teig in die Förmchen legen und jeweils 1 El der Eier-Quark-Masse daraufgeben. Mit je 2 Tomatenscheiben belegen und im Ofen etwa 15 Minuten backen. Warm oder kalt servieren.

Für 16 Stück | Einfach | Pro Stück ca. 161 kcal/674 kJ 5 g E, 11 g F, 9 g KH | Zubereitung: ca. 25 Min. (30 Min. Ruhen, 15 Min. Backen)

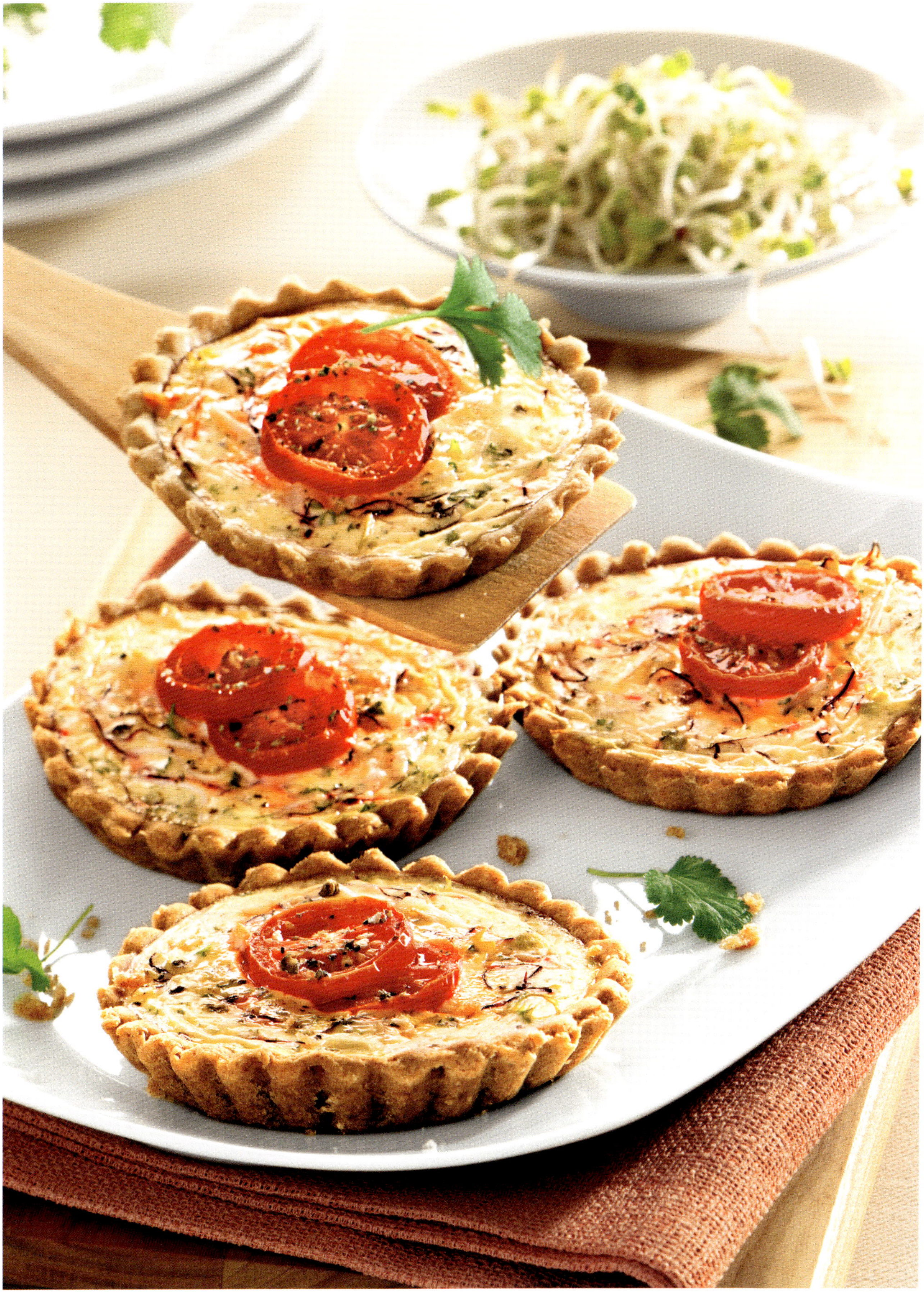

GAZPACHOGELEE
mit Oliven

FÜR 6 PORTIONEN

8 Blatt Gelatine
1 Scheibe Weißbrot vom Vortag
4 El Olivenöl
400 g Tomaten
1 grüne Paprikaschote
1 rote Paprikaschote
300 g Salatgurke
4 Frühlingszwiebeln
2 Knoblauchzehen
2 El Sherryessig
Salz
Pfeffer
1 Ciabatta
grüne und schwarze Oliven

Die Gelatine in kaltem Wasser einweichen. Brot entrinden und mit dem Olivenöl tränken. Tomaten waschen, Stielansätze entfernen, Paprikaschoten putzen, entkernen und waschen, Gurke schälen, Frühlingszwiebeln waschen und putzen, die Knoblauchzehen abziehen. Das Gemüse in grobe Stücke schneiden, dann alles mit Essig, Salz und Pfeffer in den Mixbehälter geben und **ca. 3 Min./Stufe 8** pürieren, dabei stufenweise über **5-6-7** langsam hochschalten. Abschmecken und anschließend aus dem Mixbehälter nehmen.

Gelatine ausdrücken und in einem Topf bei geringer Temperatur auflösen. 2 El des Gemüsepürees unter die Gelatine rühren, dann alles unter das restliche Gemüsepüree rühren. Die Masse in ausgespülte Eiswürfelschälchen füllen und im Kühlschrank etwa 4 Stunden fest werden lassen.

Ciabatta in Stücke schneiden, je 1 Gazpachowürfel darauflegen und alles mit grünen und schwarzen Oliven auf Spieße stecken.

Für 6 Portionen | Einfach | Pro Portion ca. 340 kcal/1430 kJ 10 g E, 12 g F, 48 g KH | Zubereitung: ca. 20 Min. (4 Std. Gelieren)

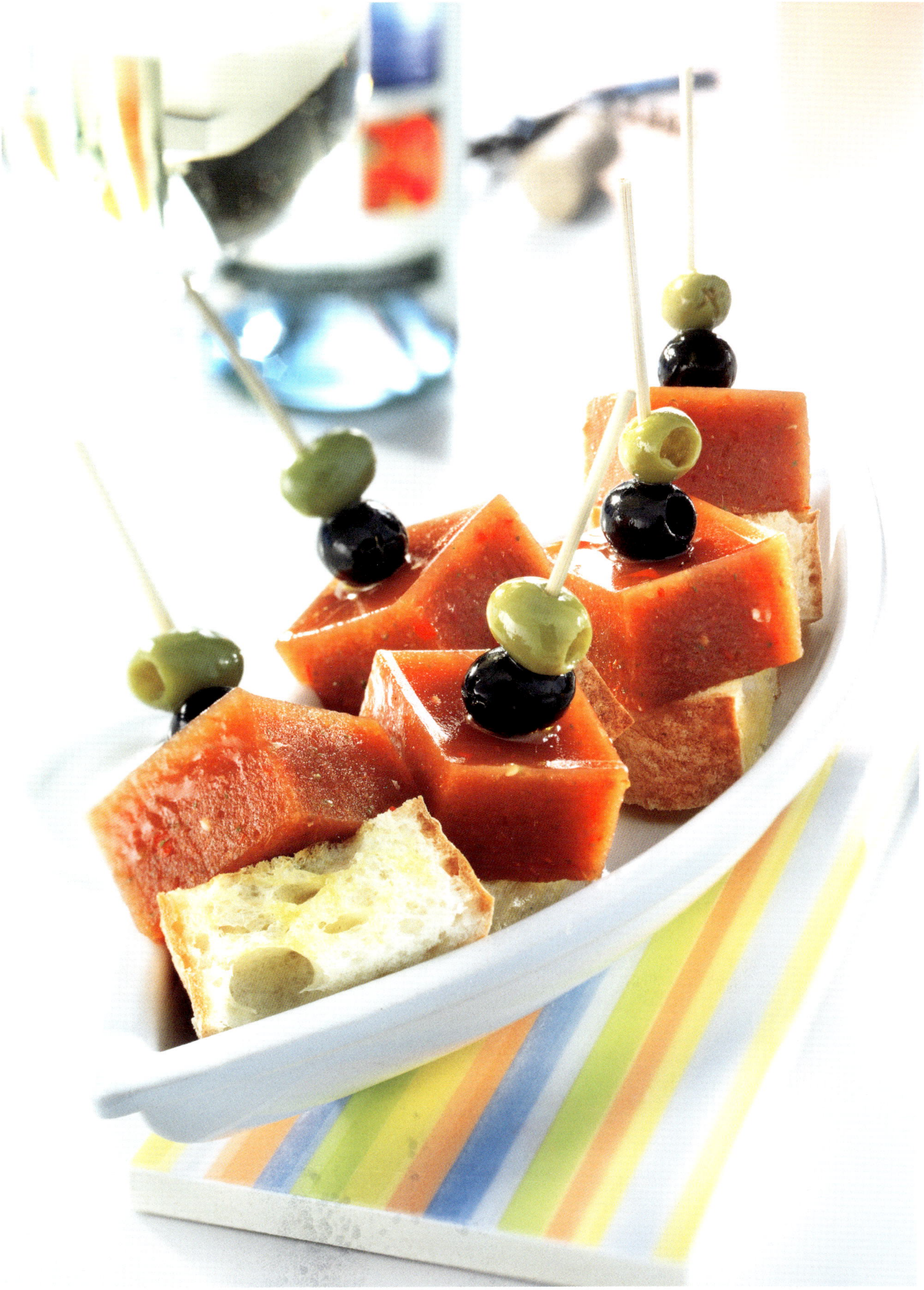

TAPENADE

FÜR 2 GLÄSER À 150 ML

2 Knoblauchzehen | 5 Sardellenfilets | 60 g Kapern | 3 Zweige frischer Thymian | 200 g entsteinte schwarze Oliven
1 Tl Dijonsenf | 150 ml kalt gepresstes Olivenöl | 30 ml Zitronensaft | Pfeffer | 2 El Olivenöl zum Versiegeln

Tipp

Die Tapenade passt zu gegrilltem Fleisch und Fisch, ist aber auch als Aufstrich auf frischem Baguette köstlich.

Die sauberen Gläser noch heiß aus der Spülmaschine nehmen und bis zum Befüllen mit der Öffnung nach unten auf ein sauberes Küchentuch stellen. Beim Handspülen die Gläser möglichst heiß mit klarem Wasser nachspülen, dann ebenfalls zum Abtropfen auf das Küchentuch stellen.

Die Knoblauchzehen schälen. Sardellenfilets und Kapern unter fließendem Wasser abspülen und trocken tupfen. Die Thymianzweige waschen, trocken schütteln und die Blättchen abzupfen.

Alle Zutaten in den Mixbehälter geben und **ca. 40 Sek./Stufe 5** zu einer groben Masse verarbeiten.

Die Tapenade in die Schraubgläser füllen, mit je 1 El Olivenöl bedecken und gut verschließen.

Für 2 Gläser à 150 ml | Einfach | Pro Glas ca. 620 kcal/2596 kJ 3 g E, 67 g F, 3 g KH | Zubereitung: ca. 15 Min.

KNABBERN & DIPPEN

AIOLI

FÜR 4 PORTIONEN

4 dicke Knoblauchzehen | 3 Eigelbe | ½ Tl Dijonsenf | Salz | Pfeffer | Saft von ½ Zitrone | 1 Prise Cayennepfeffer
300 ml Olivenöl | selbst gemachte Kartoffelchips

Die Knoblauchzehen schälen, in den Mixbehälter geben und **ca. 3 Sek./Turbo-Taste** zerkleinern. Mithilfe des Spatels Richtung Mixbehälterboden schieben.

Eigelb, Dijonsenf, Salz, Pfeffer, Zitronensaft und Cayennepfeffer zugeben. Mixbehälterdeckel schließen, Messbecher einsetzen und das Gerät auf **ca. 4 Min./Stufe 4** stellen. Nun das Olivenöl langsam auf den Mixbehälterdeckel geben und es so in einem dünnen Strahl an dem eingesetzten Messbecher vorbei auf das laufende Messer träufeln lassen.

Aioli in eine Schüssel umfüllen, abschmecken und etwa 15 Minuten durchziehen lassen. Dazu passen die Kartoffelchips von S. 13.

Für 4 Portionen | Einfach | Pro Portion ca. 263 kcal/1101 kJ 4 g E, 24 g F, 9 g KH | Zubereitung: ca. 7 Min. (15 Min. Ziehen)

Knusprige ZWIEBELBRÖTCHEN

FÜR CA. 12 STÜCK

200 g Zwiebeln
1 El Butter
250 g Weizenvollkornmehl
25 g Hefe
1 Tl Salz
2 El Olivenöl
1 Eigelb
Fett für das Backblech

Die Zwiebeln schälen, halbieren, in den Mixbehälter geben und **ca. 3 Sek./Turbo-Taste** zerkleinern. Die Butter dazugeben und die Zwiebeln darin **ca. 2 Min./Anbrat-Taste** glasig schmoren, aus dem Mixbehälter entfernen und abkühlen lassen. Mixbehälter gründlich reinigen.

Mehl, Hefe, Salz, 150 ml lauwarmes Wasser und Olivenöl in den Mixbehälter geben und in **ca. 3 Min./Teigknet-Taste** einen Hefeteig herstellen. Den Teig abgedeckt an einem warmen Ort etwa 1 Stunde gehen lassen.

Die Zwiebeln zu dem Teig in den Mixbehälter geben und **ca. 30 Sek./Stufe 2/Linkslauf** mithilfe des Spatels unterrühren.

Aus dem Teig 12 Brötchen formen und auf ein gefettetes Backblech legen. Das Eigelb verquirlen, die Brötchen damit bestreichen und etwa 20 Minuten gehen lassen. Die Brötchen im vorgeheizten Backofen bei 220 °C (Umluft 200 °C) etwa 20 Minuten backen.

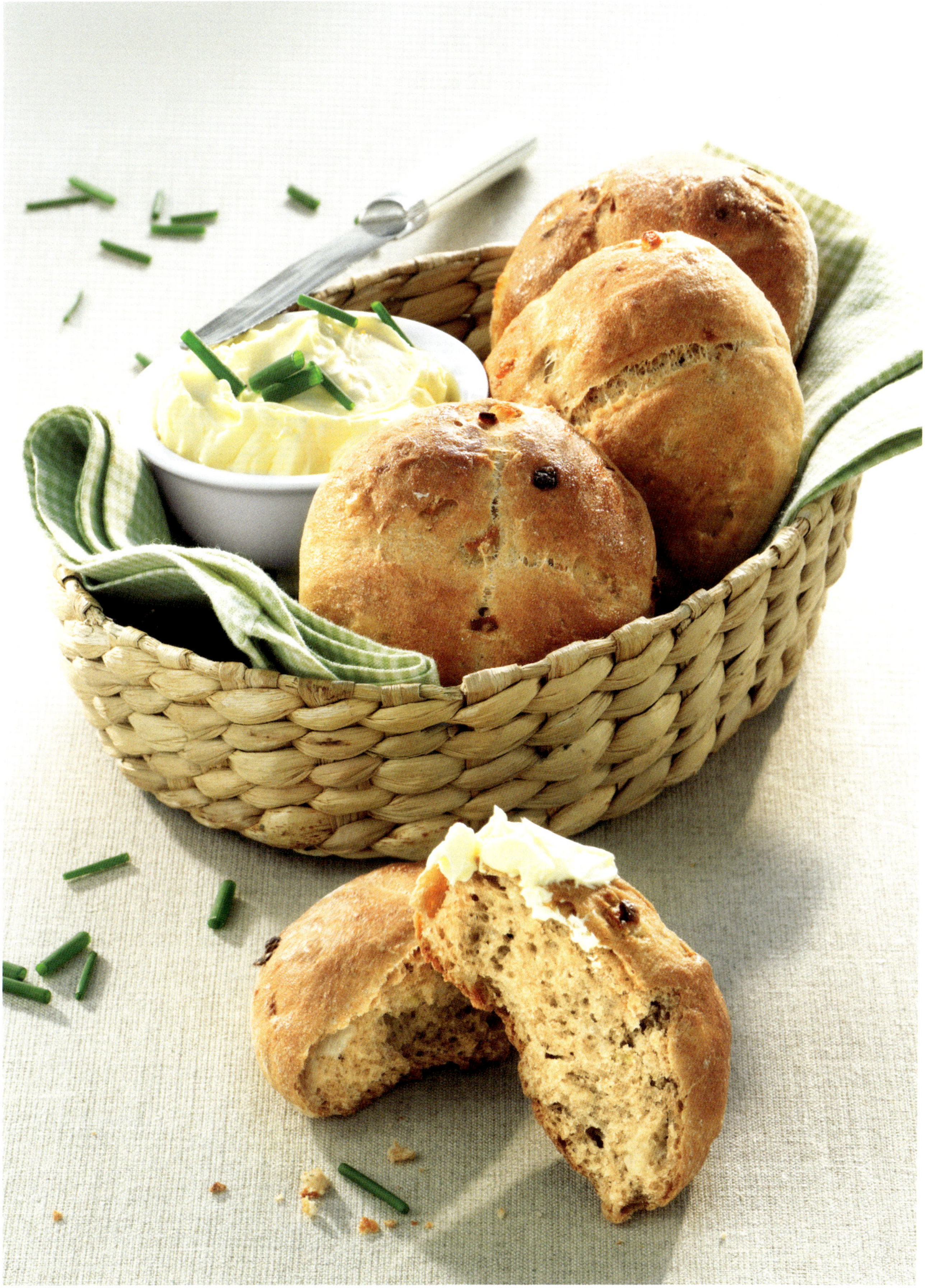

ERBSENCAPPUCCINO
mit Minze

FÜR 4 PORTIONEN

4 Zweige Minze
2 Kartoffeln
400 g TK-Erbsen
450 ml Gemüsebrühe
Salz
grüner Pfeffer
1 Spritzer Tabasco
100 g Naturjoghurt
2 El Milch
1 guter Spritzer Minzlikör
200 ml Sahne

Die Minze waschen, trocken schütteln, Blättchen abzupfen, einige Blättchen zur Dekoration beiseitestellen und die restlichen Blättchen im Mixbehälter **ca. 3 Sek./Turbo-Taste** zerkleinern. Umfüllen und den Mixbehälter reinigen.

Kartoffeln waschen, schälen, vierteln und im Mixbehälter **ca. 3 Sek./Turbo-Taste** zerkleinern. TK-Erbsen und Gemüsebrühe dazugeben und **ca. 15 Min./100 °C/Stufe 1** garen.

Salz, Pfeffer und Tabasco zugeben und die Suppe **ca. 50 Sek./Stufe 5-8** schrittweise ansteigend pürieren. Joghurt, Milch, zerkleinerte Minze und Minzlikör in den Mixbehälter zugeben und **ca. 10 Sek./Stufe 2** verrühren. Abschmecken, Suppe umfüllen und den Mixbehälter gründlich reinigen.

Rühraufsatz einsetzen. Sahne in den Mixbehälter geben und **ca. 2 Min./Stufe 3** unter Beobachtung bis zum Erreichen der gewünschten Festigkeit steif schlagen.

Die Suppe abschmecken und mit jeweils 1 Klecks Sahne und 1 Minzblättchen garniert servieren.

Für 4 Portionen | Einfach | Pro Portion ca. 316 kcal/1323 kJ, 7 g E, 18 g F, 21 g KH | Zubereitung: ca. 10 Min. (15 Min. Garen)

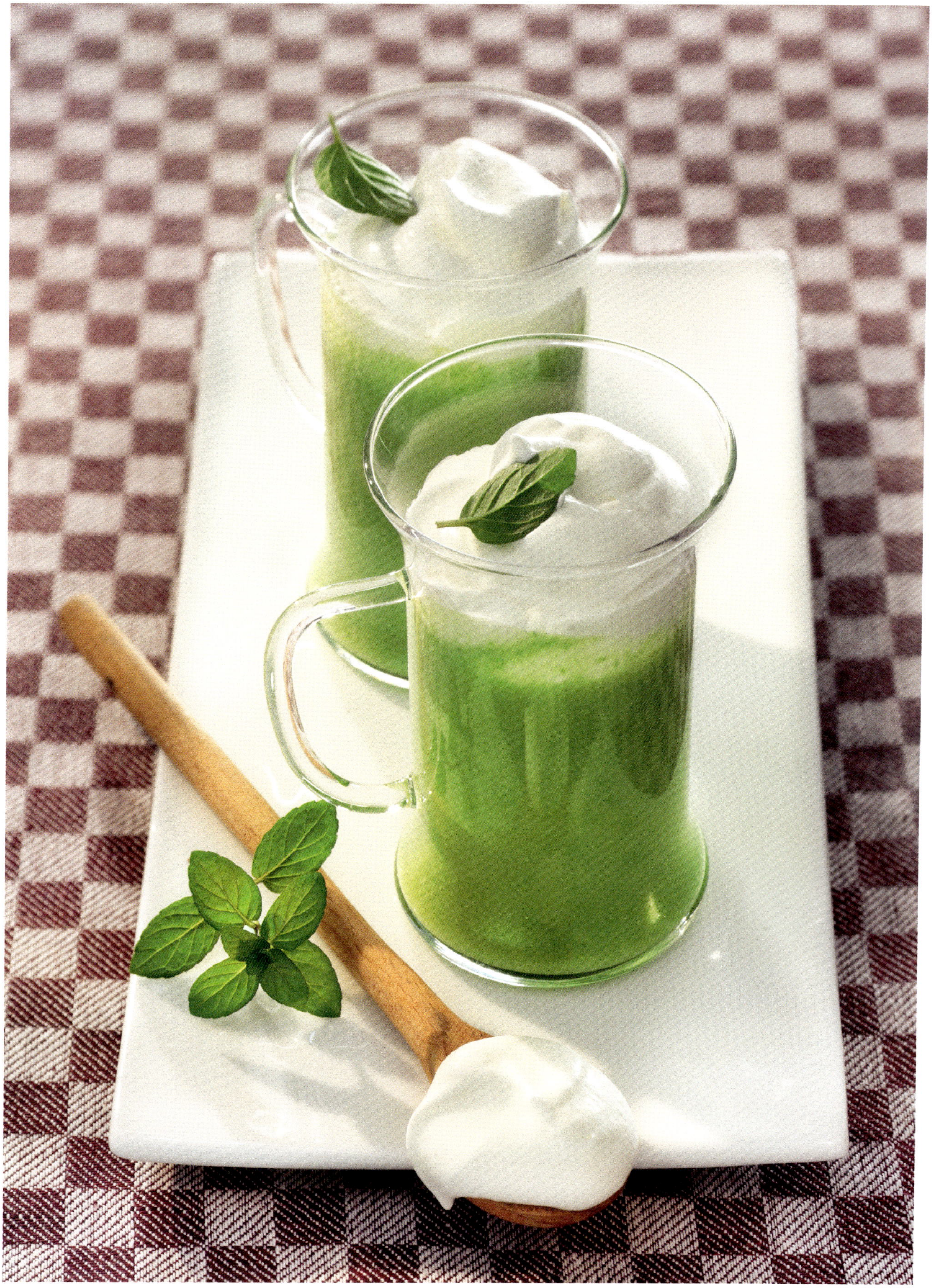

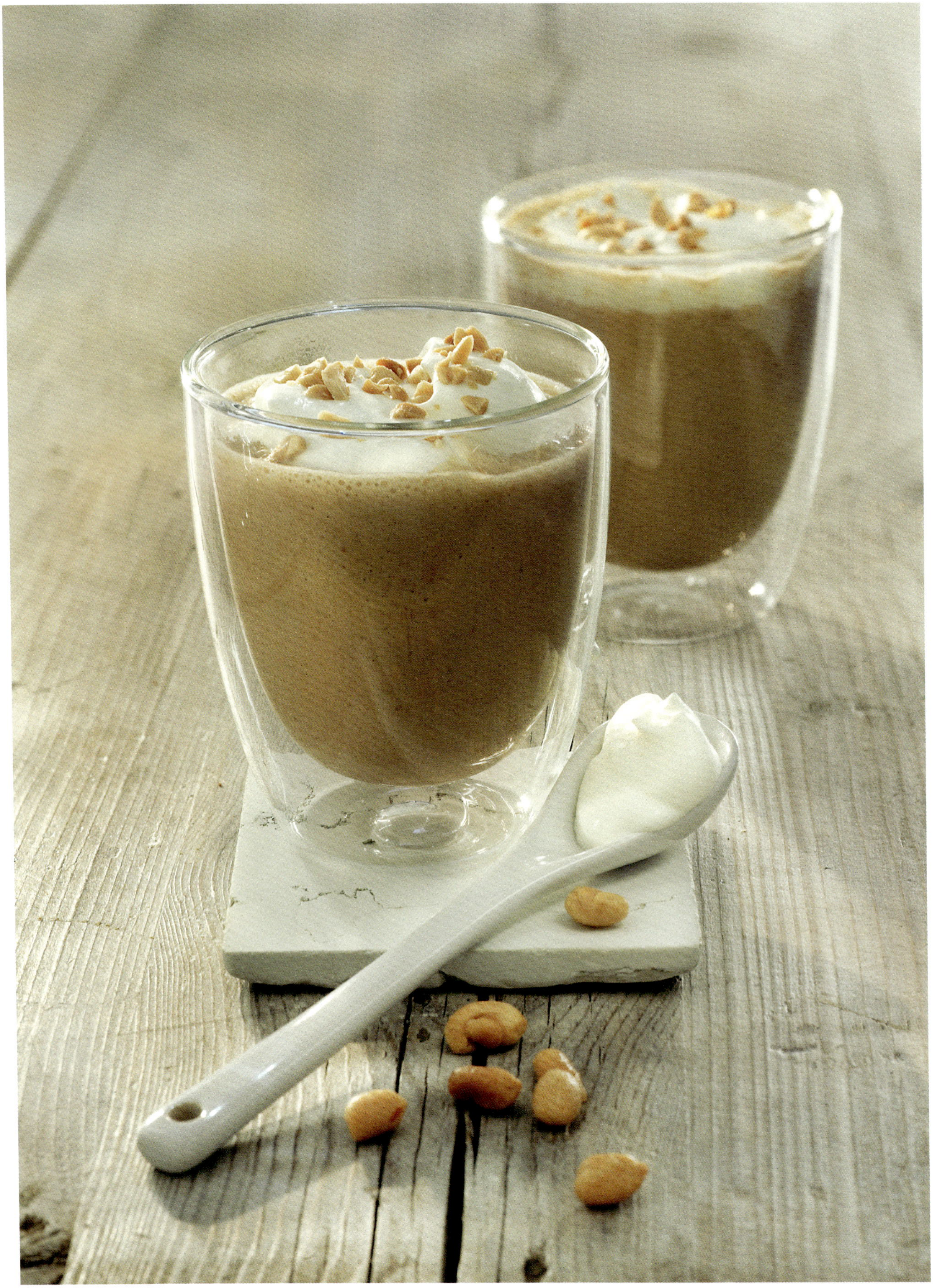

Amerikanische **ERDNUSSSUPPE**

Die Erdnüsse in einer Pfanne ohne Fett anrösten, dann in den Mixbehälter geben und **ca. 10 Sek./Stufe 9** grob zerkleinern. Umfüllen und den Mixbehälter reinigen.

Den Staudensellerie waschen, trocknen, putzen und halbieren. Die Zwiebeln schälen und halbieren. Beides im Mixbehälter **ca. 3 Sek./Turbo-Taste** zerkleinern. Mithilfe des Spatels an der Wand des Mixbehälters nach unten schieben.

Die Butter in den Mixbehälter geben und Sellerie und Zwiebeln darin **ca. 2 Min./Anbrat-Taste** dünsten. Das Mehl über das Gemüse streuen, **ca. 1 Min./100 °C/Stufe 2** anschwitzen und die Gemüsebrühe zugeben.

Erdnusscreme, Salz, Pfeffer und Zitronensaft dazugeben und alles **ca. 10 Min./90 °C/Stufe 1** garen. Die Suppe **ca. 50 Sek./Stufe 5-8** schrittweise ansteigend pürieren, umfüllen und den Mixbehälter gründlich reinigen.

Rühraufsatz einsetzen. Sahne in den Mixbehälter geben und **ca. 2 Min./Stufe 3** unter Beobachtung bis zum Erreichen der gewünschten Festigkeit steif schlagen.

Die Suppe abschmecken und auf Gläser verteilen. Jeweils etwas von der geschlagenen Sahne unterziehen und mit den zerkleinerten Erdnüssen bestreut servieren.

FÜR 4 PORTIONEN

2 El ungesalzene Erdnüsse
1 Stange Staudensellerie
2 Zwiebeln
4 El Butter
1-2 El Mehl
750 ml Gemüsebrühe
125 g Erdnusscreme
Salz
Pfeffer
1-2 El Zitronensaft
200 ml Sahne

Für 4 Portionen | Einfach | Pro Portion ca. 1064 kcal/4455 kJ 12 g E, 43 g F, 19 g KH | Zubereitung: ca. 15 Min. (15 Min. Garen)

SÜSSKARTOFFELSUPPE
mit Äpfeln

FÜR 4 PORTIONEN

50 g Schalotten
400 g Süßkartoffeln
100 g Möhren
20 g Butter
750 ml Hühnerbrühe
350 g säuerliche Äpfel
 (z. B. Elstar)
1 El Zitronensaft
Salz
Cayennepfeffer
150 g Schmand

Schalotten, Süßkartoffeln und Möhren schälen. Süßkartoffeln und Möhren waschen, in grobe Stücke schneiden, in den Mixbehälter geben und **ca. 10 Sek./Stufe 6** zerkleinern. Gemüse umfüllen und den Mixbehälter reinigen. Schalotten in den Mixbehälter geben und **ca. 3 Sek./Turbo-Taste** zerkleinern, dann mithilfe des Spatels an der Wand des Mixbehälters nach unten schieben.

Die Butter zu den Schalotten geben und **ca. 90 Sek./Anbrat-Taste** dünsten. Kartoffeln und Möhren zugeben und weitere **ca. 5 Min./100 °C/Stufe 2** dünsten.

Die Hühnerbrühe zugeben und **ca. 15 Min./100 °C/Stufe 1** garen.

Äpfel schälen, vierteln und entkernen. 1 kleinen Apfel in feine Streifen schneiden und mit Zitronensaft beträufeln. Restliche Äpfel in grobe Stücke schneiden.

Wenn das Gemüse gar ist, die Apfelstücke mit Salz und Cayennepfeffer in den Mixbehälter zur Suppe geben. Alles **ca. 50 Sek./Stufe 5-8** schrittweise ansteigend fein pürieren und abschmecken.

Apfelstreifen in die Suppe geben und mit einem Klecks Schmand servieren.

Für 4 Portionen | Einfach | Pro Portion ca. 374 kcal/1566 kJ 13 g E, 23 g F, 27 g KH | Zubereitung: ca. 15 Min. (20 Min. Garen)

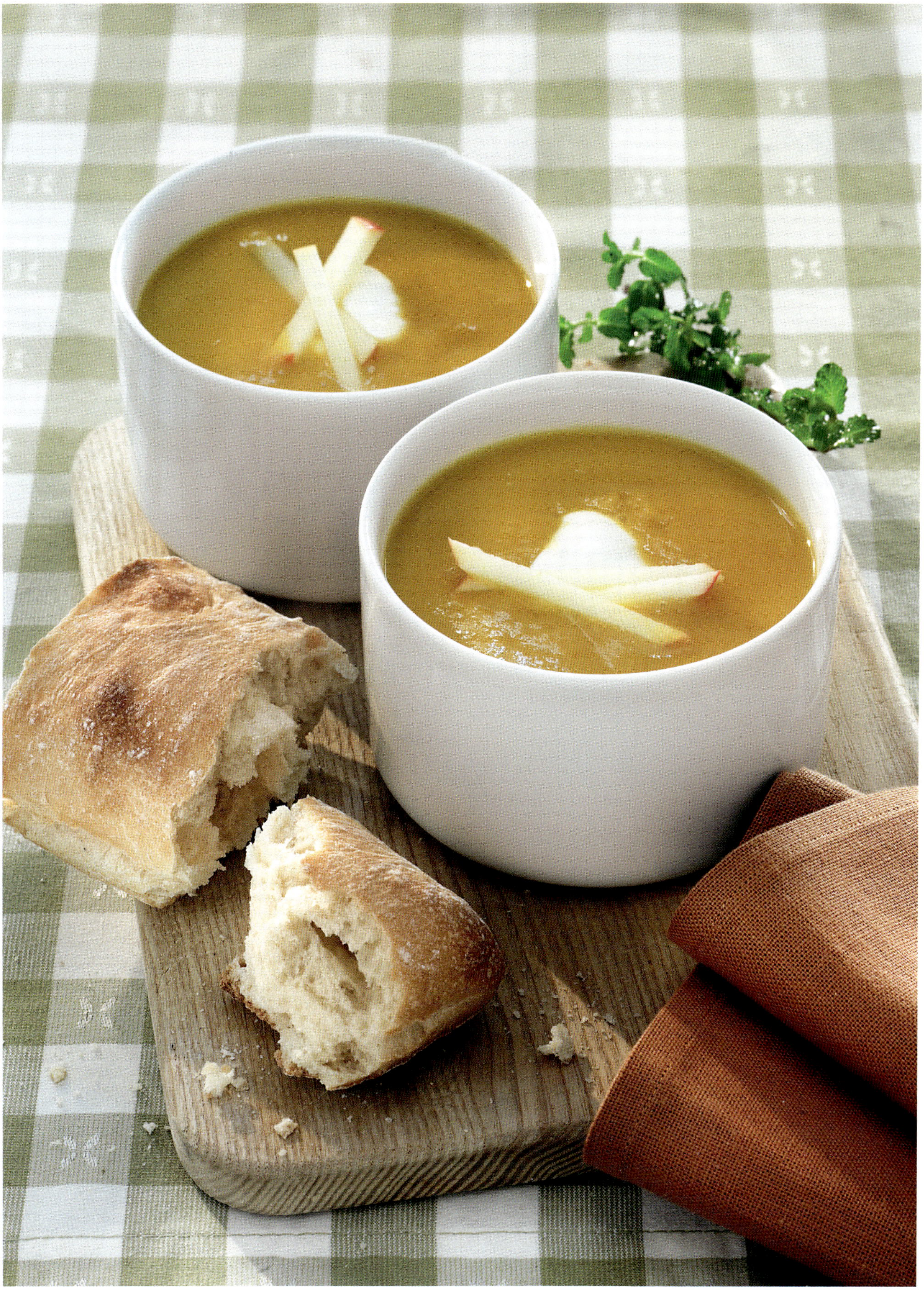

MARONENSÜPPCHEN
mit Gänseleberspieß

FÜR 10 KLEINE PORTIONEN

1/2 Zwiebel
1 El Butter
200 g Maronen (gebrauchsfertig vorgegart)
3 Zweige Thymian
50 ml trockener Weißwein
250 ml Gemüsebrühe
Salz
Pfeffer
120 g Gänseleberpastete
20 getrocknete Cranberries
5 Zweige Kerbel

AUSSERDEM:
10 kleine Holzspieße

Die Zwiebel schälen, in den Mixbehälter geben und **ca. 3 Sek./Turbo-Taste** zerkleinern. Zwiebelstückchen mithilfe des Spatels an der Wand des Mixbehälters nach unten schieben. Die Butter dazugeben und **ca. 2 Min./Anbrat-Taste** dünsten. Die Maronen in den Mixbehälter geben und **ca. 3 Min./100 °C/Stufe 2** dünsten.

Die Thymianzweige waschen, trocken schütteln, die Blättchen abzupfen, mit Weißwein, Gemüsebrühe, Salz und Pfeffer zur Suppe geben und das Ganze **ca. 10 Min./100 °C/Stufe 1** garen. Anschließend die Suppe **ca. 50 Sek./Stufe 5-8** schrittweise ansteigend fein pürieren. Die Suppe abschmecken.

Für die Spieße die Gänseleberpastete in 2 cm große Würfel schneiden und mit je 2 Cranberries aufspießen. Die Maronensuppe in Schälchen füllen und mit je einem Spieß und frischem Kerbel garniert servieren.

Tipp

Die Maronensuppe schmeckt am besten warm und sollte daher erst kurz vor dem Servieren angerichtet werden.

Für 10 kleine Portionen · Einfach · Pro Portion ca. 102 kcal/427 kJ, 3 g E, 6 g F, 10 g KH · Zubereitung: ca. 15 Min. (15. Min. Garen)

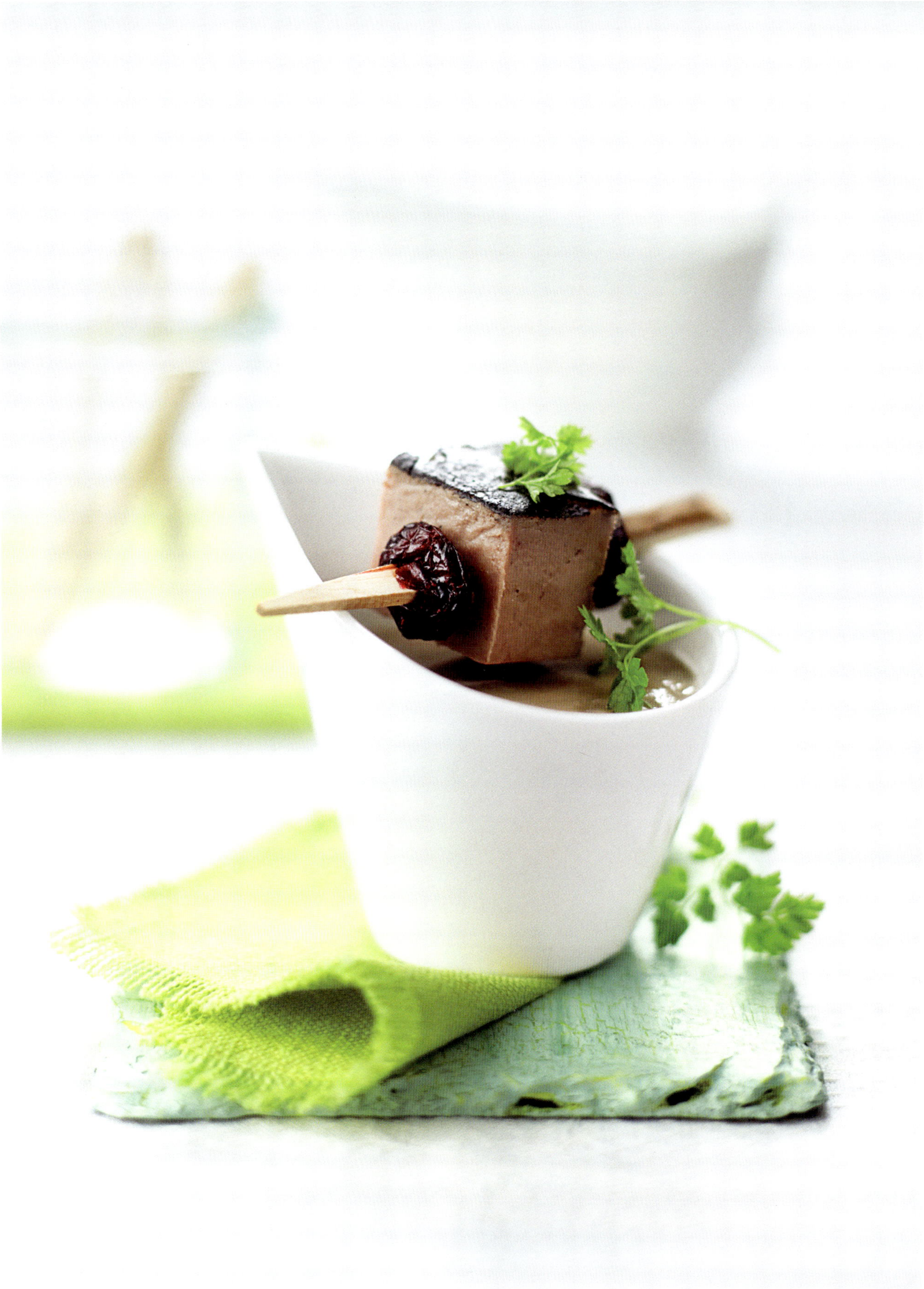

Deftige ERBSENSUPPE

FÜR 4 PORTIONEN

150 g getrocknete Erbsen
1 Zwiebel
1 El Öl
50 g Möhren
150 g Kartoffeln
150 g Bauchspeck
100 g Porree
50 g Knollensellerie
1 Lorbeerblatt
300 ml Fleischbrühe
250 g Mettenden
Pfeffer

Die Erbsen in einen Topf geben und mit 500 ml Wasser bedeckt über Nacht einweichen.

Am nächsten Tag die Zwiebel schälen, halbieren, in den Mixbehälter geben und **ca. 3 Sek./Turbo-Taste** zerkleinern. Mithilfe des Spatels nach unten schieben, Öl dazugeben und **ca. 2 Min./Anbrat-Taste** dünsten. Möhren und Kartoffeln schälen, in Stücke schneiden, diese in den Mixbehälter geben und **ca. 8 Sek./Stufe 5** zerkleinern. Das Gemüse beiseitestellen und den Mixbehälter reinigen.

Die Erbsen mit dem Einweichwasser in den Mixbehälter geben und **ca. 30 Min./100 °C/Stufe 1/Linkslauf** kochen. Dann den Bauchspeck am Stück dazugeben und die Erbsensuppe **ca. 30 Min./100 °C/Stufe 1/Linkslauf** weiterkochen lassen.

Den Porree putzen, in dünne Ringe schneiden, den Sellerie schälen. Porreeringe und Sellerie am Stück mit dem restlichen Gemüse, dem Lorbeerblatt und der Fleischbrühe in die Erbsensuppe geben und alles **ca. 30 Min./100 °C/Stufe 1/Linkslauf** weiterkochen.

Dann Selleriestück, Lorbeerblätter und Bauchspeck aus dem Mixbehälter entfernen. Den Speck würfeln, die Mettenden in Scheiben schneiden und beides in die Suppe geben. Mit frisch gemahlenem Pfeffer würzen. Die Suppe nochmals **ca. 30 Min./90 °C/Stufe 1/Linkslauf** ziehen lassen. Abschmecken.

Für 4 Portionen | Einfach | Pro Portion ca. 940 kcal/3936 kJ 32 g E, 77 g F, 33 g KH | Zubereitung: ca. 30 Min. (8 Std. Einweichen, 2 Std. Garen)

Tipp

Die Suppe mit frischer, klein gehackter Petersilie bestreuen und mit Brot servieren.

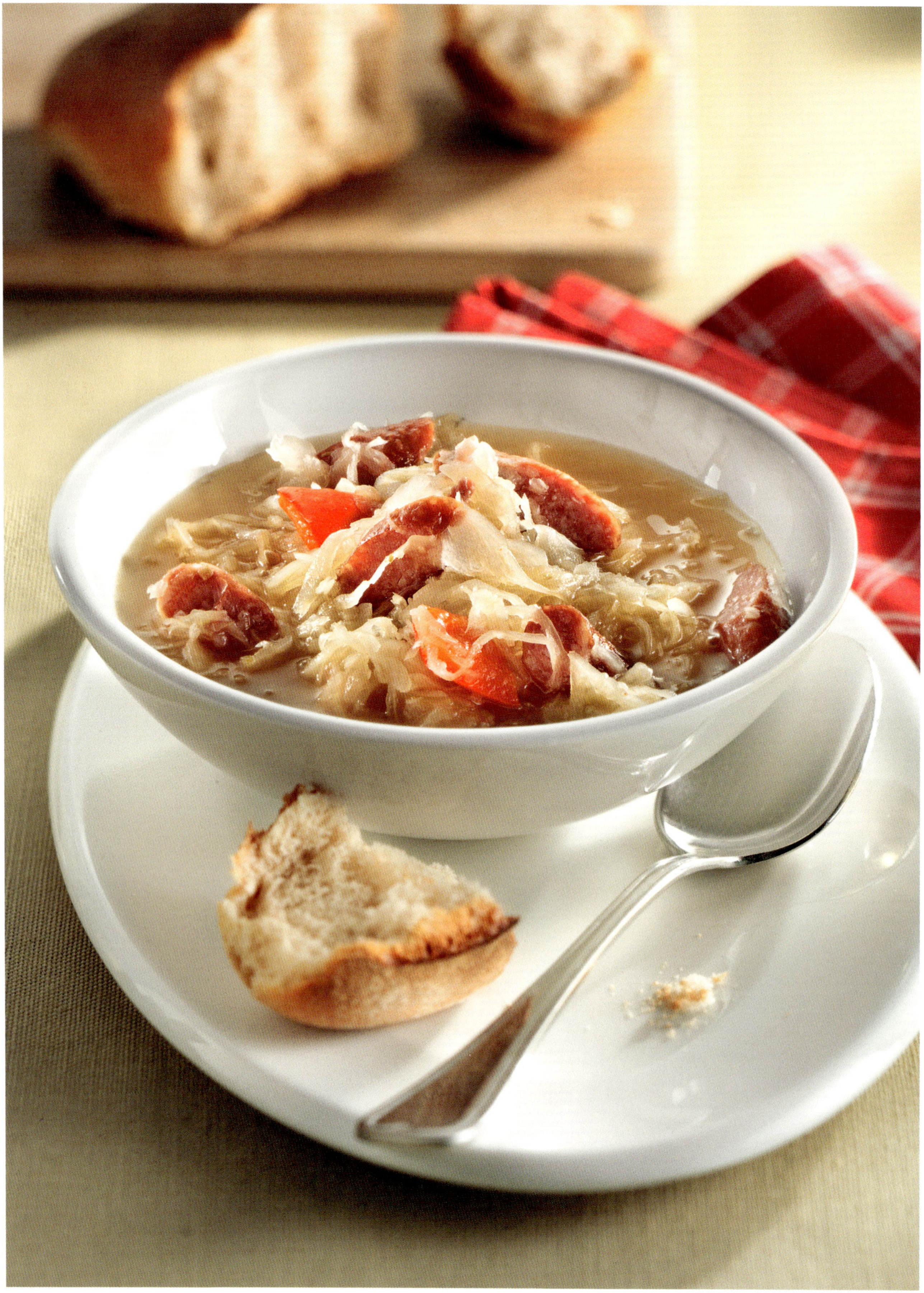

SAUERKRAUTEINTOPF
mit Cabanossi

Den Speck in Würfel schneiden. Die Paprikaschoten putzen, vierteln, entkernen und die weißen Trennwände entfernen. Paprika waschen und in ca. 2 cm große Stücke schneiden. Das Sauerkraut in ein Sieb geben, mit kaltem Wasser abspülen und abtropfen lassen.

Knoblauch schälen, Zwiebeln schälen und halbieren, beides in den Mixbehälter geben und **ca. 3 Sek./Turbo-Taste** zerkleinern. Mithilfe des Spatels nach unten schieben, den Speck dazugeben und **ca. 3 Min./Anbrat-Taste** dünsten. Paprika zugeben und **ca. 4 Min./100 °C/Stufe 1/Linkslauf** dünsten. Sauerkraut, Majoran, Kümmel, Paprikapulver, Fleischbrühe, Salz, Pfeffer und Zucker dazugeben und **ca. 15 Min./100 °C/Stufe 1/Linkslauf** garen.

Die Cabanossi längs halbieren und schräg in ½ cm dicke Scheiben schneiden. 5 Minuten vor Ende der Garzeit zum Sauerkraut in den Mixbehälter geben und mitgaren. Den Eintopf abschmecken und servieren. Dazu passt Roggenbaguette.

FÜR 4 PORTIONEN

100 g durchwachsener Speck
2 rote Paprikaschoten
1 große Dose Sauerkraut
1 Knoblauchzehe
2 Zwiebeln
1 Tl getrockneter Majoran
1 Tl Kümmel
1 Tl Paprikapulver
800 ml Fleischbrühe
Salz
Pfeffer
2 Tl Zucker
300 g Cabanossi

Für 4 Portionen | Einfach | Pro Portion ca. 532 kcal/2227 kJ 17 g E, 44 g F, 20 g KH | Zubereitung: ca. 15 Min. (20 Min. Garen)

BROTSUPPE
mit Fleischwurst

FÜR 4 PORTIONEN

50 g Bauchspeck
1 Zwiebel
2 El Butterschmalz
1 Möhre
100 g Sellerie
1 kleine Petersilienwurzel
1 Stange Porree
200 g altbackenes Graubrot
1 l Hühnerbrühe
Salz
Pfeffer
1 Prise Cayennepfeffer
¼ Tl getrockneter Majoran
4 El Crème fraîche
1 Knoblauchzehe
250 g Fleischwurst
2 El Schnittlauchröllchen

Den Speck in Würfel schneiden. Die Zwiebel schälen, halbieren, in den Mixbehälter geben und **ca. 3 Sek./Turbo-Taste** zerkleinern. Mithilfe des Spatels nach unten schieben. Speck und Butterschmalz zugeben und **ca. 2 Min./Anbrat-Taste** dünsten.

Möhre, Sellerie und Petersilienwurzel putzen, schälen und in grobe Stücke schneiden, Porree gut putzen, waschen und in Ringe schneiden. Das Gemüse bis auf den Porree in den Mixbehälter geben und **ca. 8 Sek./Stufe 5** zerkleinern. Dann alles zusammen **ca. 5 Min./100 °C/Stufe 2/Linkslauf** dünsten. Das Brot in Scheiben und dann in Würfel schneiden. Brotwürfel in den Mixbehälter zugeben und **ca. 2 Min./100 °C/Stufe 2/Linkslauf** dünsten.

Porreeringe, Hühnerbrühe, Salz, Pfeffer, Cayennepfeffer und Majoran zugeben und die Suppe **ca. 15 Min./100 °C/Stufe 1/Linkslauf** garen. Crème fraîche unterziehen.

Den Knoblauch schälen und in die Suppe drücken. Die Fleischwurst aus der Pelle lösen, in Scheiben schneiden und **ca. 5 Min./90 °C/Stufe 1/Linkslauf** in der Suppe erwärmen. Abschmecken und die Brotsuppe mit Schnittlauchröllchen bestreut servieren.

Für 4 Portionen Einfach Pro Portion ca. 715 kcal/2994 kJ 28 g E, 55 g F, 28 g KH Zubereitung: ca. 30 Min. (30 Min. Garen)

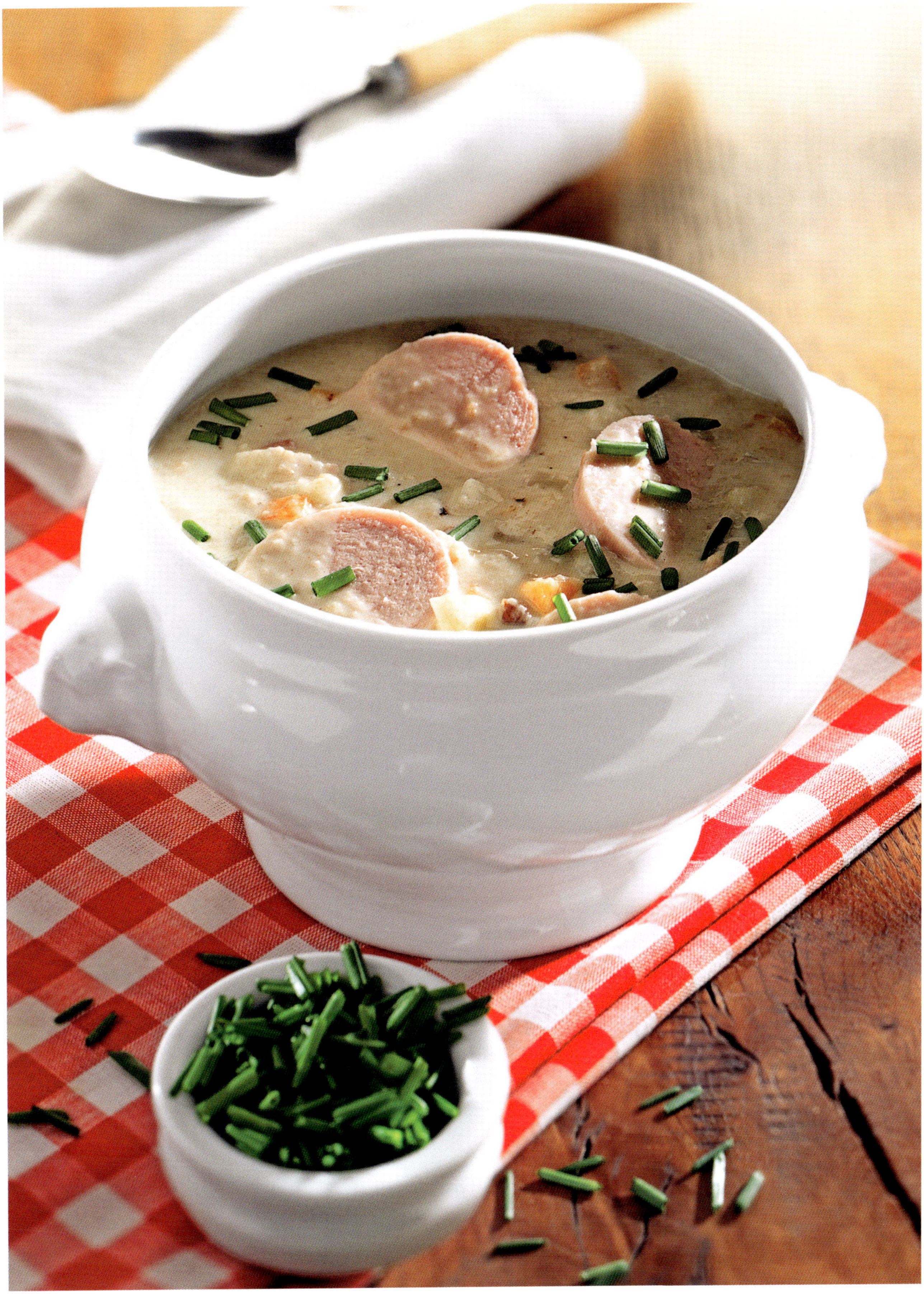

CRÊPERÖLLCHEN
mit Roquefort-Dip

FÜR 4 PORTIONEN

2 El Butter
125 ml Milch
2 Eier
Salz
75 g Mehl
1 El Weinbrand
2 El Butterschmalz
6 Frühlingszwiebeln
200 g Roquefort
500 g saure Sahne
1 Tl Worcestersauce
Pfeffer
1 Birne

Die Butter in den Mixbehälter geben und **ca. 2 Min./70 °C/Stufe 2** zerlassen.

Milch, Eier, 1 Prise Salz, Mehl und Weinbrand zugeben und **ca. 25 Sek./Stufe 4** verrühren. Den Teig 30 Minuten ruhen lassen. Aus dem Teig in der Pfanne im heißen Butterschmalz 8 hauchdünne Crêpes backen und abkühlen lassen.

Für den Dip die Frühlingszwiebeln putzen, waschen, in grobe Stücke schneiden und mit dem Käse, der sauren Sahne, Worcestersauce, Salz und Pfeffer in den Mixbehälter geben und **ca. 20 Sek./Stufe 8** pürieren. Abschmecken.

Die Birne schälen, entkernen und fein würfeln. Birnenwürfel zum Dip geben und **ca. 20 Sek./Stufe 2** unterheben. Den Dip abgedeckt etwa 30 Minuten ruhen lassen.

Die Crêpes einrollen und in mundgerechte Stücke schneiden. Mit dem Dip servieren.

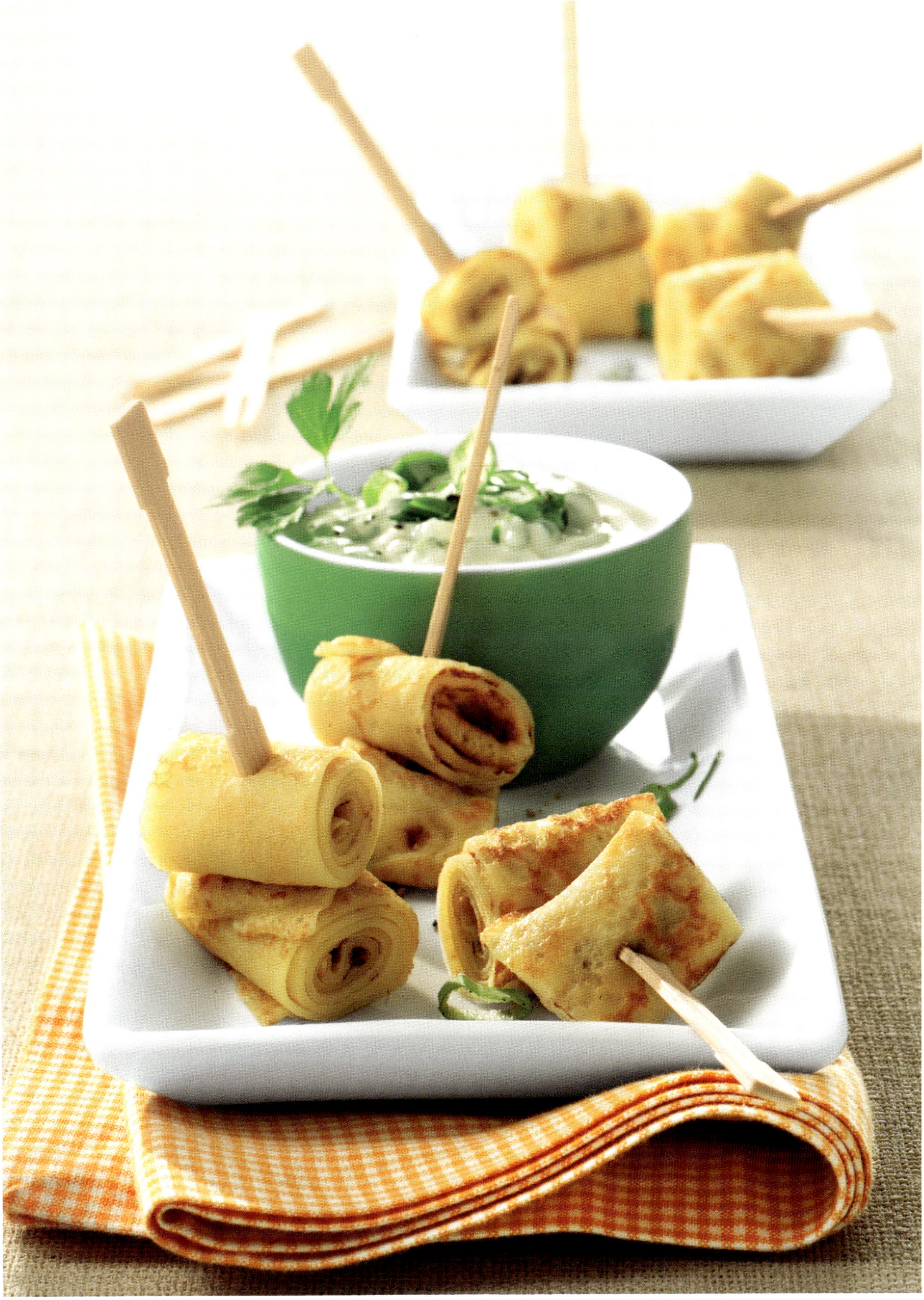

FRITTATINE
mit Oliven

FÜR 4 PORTIONEN

4-5 Zweige gemischte Kräuter
100 g schwarze Oliven
150 g Ricotta
2 El Butter
4 Eier
3 El Sahne
Salz
Pfeffer
geriebene Muskatnuss
2 El Butter

Die Kräuter waschen, trocken schütteln, die Blättchen von den Stielen zupfen, im Mixbehälter **ca. 2 Sek./Turbo-Taste** fein zerkleinern und aus dem Mixbehälter entfernen. Den Mixbehälter reinigen.

Die Oliven entsteinen, in den Mixbehälter geben und **ca. 3 Sek./Turbo-Taste** zerkleinern. Ricotta zugeben und **ca. 10 Sek./Stufe 5** mit den Oliven verrühren. Beiseitestellen und Mixbehälter gründlich reinigen.

Butter in den Mixbehälter geben und **ca. 2 Min./70 °C/Stufe 2** zerlassen. Eier, Sahne, Kräuter, Salz, Pfeffer und geriebene Muskatnuss hinzufügen und **ca. 25 Sek./Stufe 4** verrühren. Aus der Masse in einer Pfanne mit der Butter 2 Pfannkuchen backen und abkühlen lassen.

Die Pfannkuchen mit der Ricotta-Oliven-Mischung bestreichen und dabei einen 1 cm breiten Rand lassen. Pfannkuchen aufrollen und in Klarsichtfolie wickeln. Die Enden fest verschließen, 1 Stunde ruhen lassen. Die Folie abziehen und die Rollen in 4 cm dicke Scheiben schneiden.

Für 4 Portionen | Einfach | Pro Portion ca. 225 kcal/942 kJ, 13 g E, 22 g F, 2 g KH | Zubereitung: ca. 20 Min. (1 Std. Ruhen)

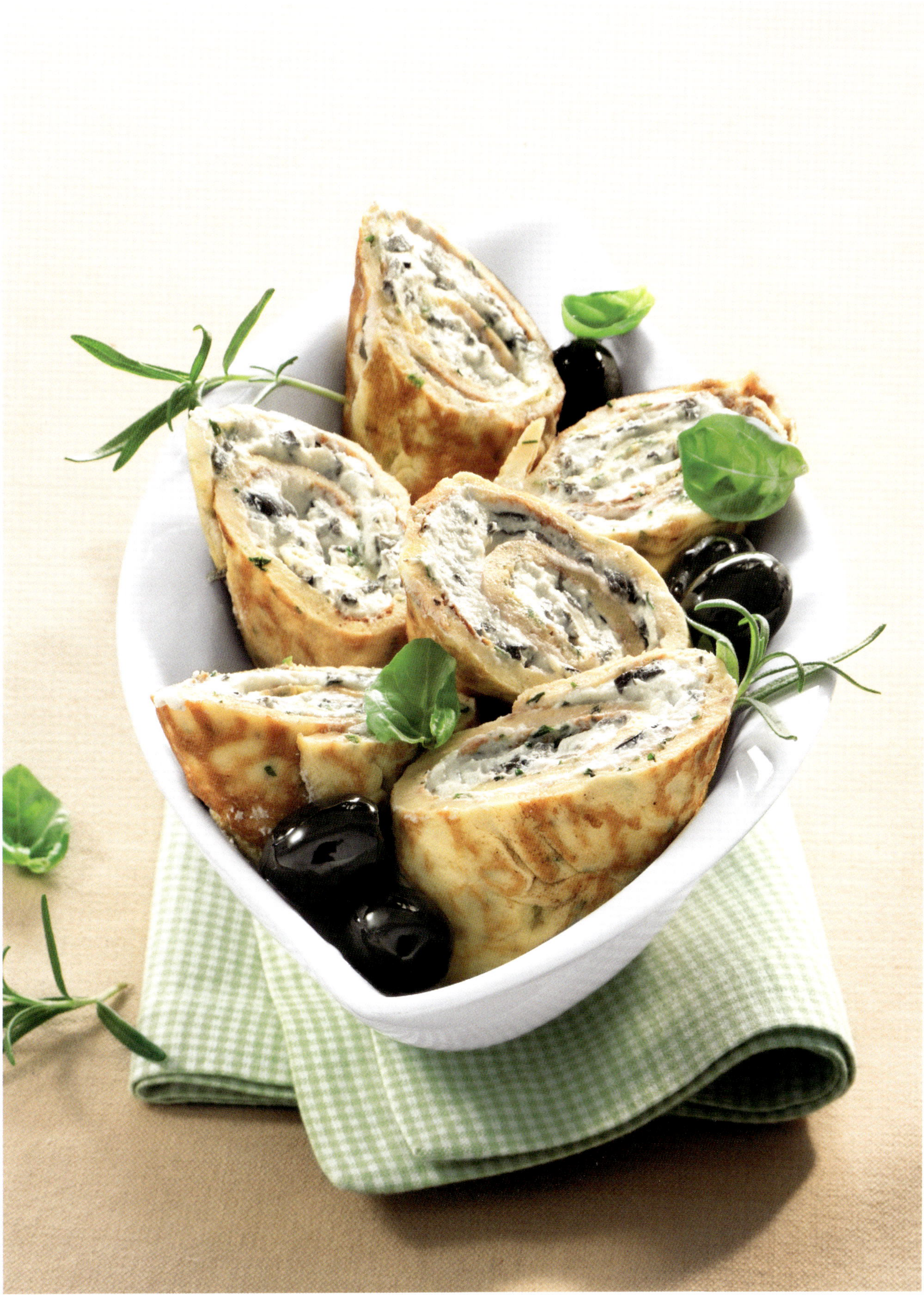

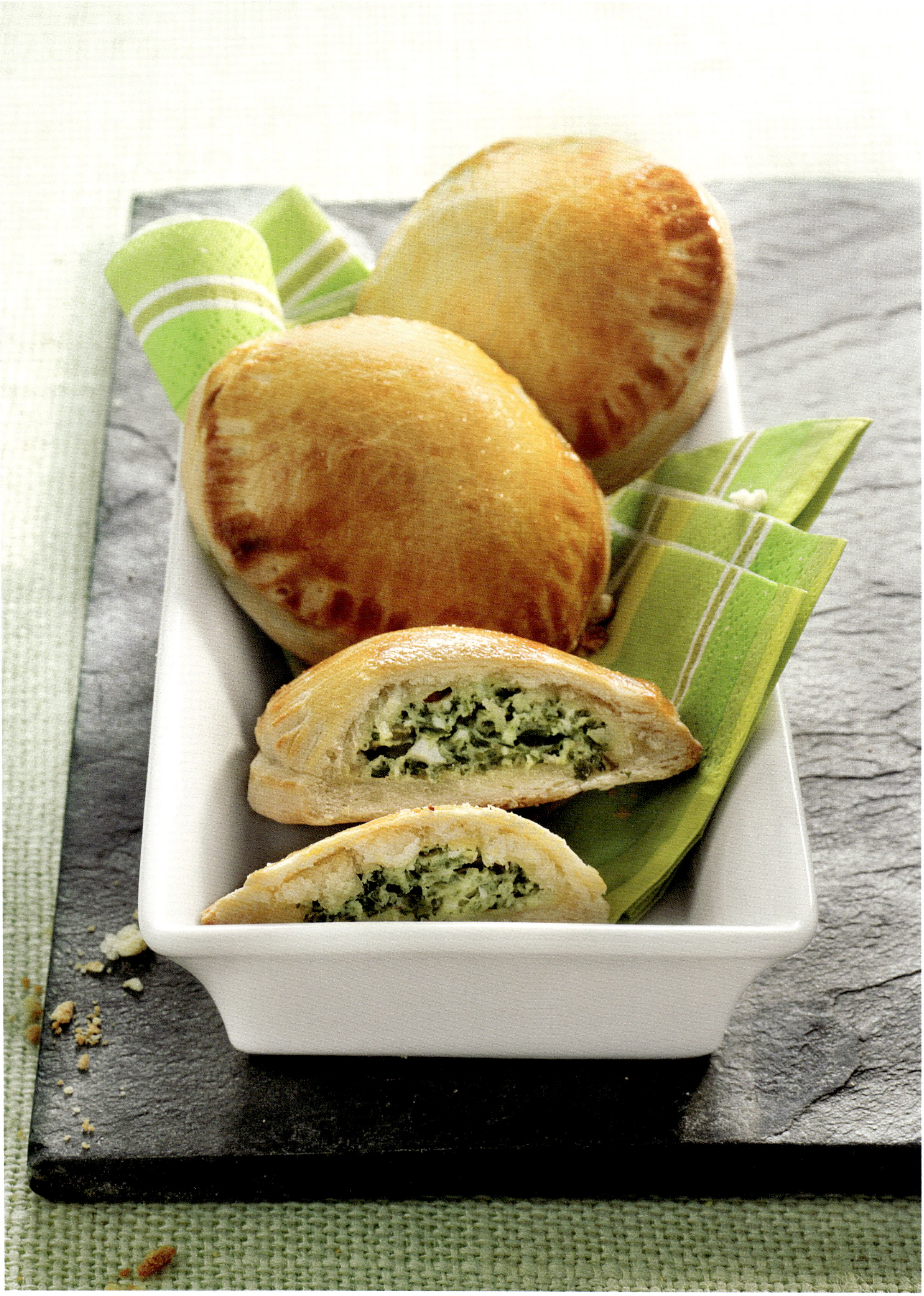

KRÄUTERPASTETEN
mit Frischkäse

Das Mehl mit dem Backpulver, der Butter, dem Salz, 1 Ei und der sauren Sahne mit der **Teigknet-Taste** zu einem glatten Teig verarbeiten. Den Teig anschließend mit den Händen zu einer Kugel formen und in Folie gewickelt etwa 1 Stunde ruhen lassen. Den Mixbehälter gründlich reinigen.

Die Kräuter waschen, trocken schütteln, die Blättchen von den Stielen zupfen und im Mixbehälter **ca. 2 Sek./Turbo-Taste** fein zerkleinern. Die abgetropften Kapern zugeben und **ca. 8 Sek./Stufe 6** zerkleinern. Mithilfe des Spatels nach unten schieben. Frischkäse, Schafskäse, das restliche Ei, Pfeffer und Paprikapulver dazugeben und **ca. 25 Sek./Stufe 4** verrühren

Den Backofen auf 200 °C (Umluft 180 °C) vorheizen. Den Teig dünn ausrollen und kleine Kreise (10 cm Ø) ausstechen. Auf die Hälfte der Kreise mittig etwas von der Füllung geben. Eigelb und Milch verquirlen und die Teigränder damit bestreichen. Die übrigen Kreise darüberlegen und die Ränder gut festdrücken. Mit restlicher Eigelb-Milch-Mischung bestreichen. Im Ofen etwa 30 Minuten backen.

FÜR 4 PORTIONEN

200 g Mehl
½ Tl Backpulver
60 g Butter
1 Prise Salz
2 Eier
40 g saure Sahne
1 Bund gemischte Kräuter (Petersilie, Schnittlauch, Thymian, Rosmarin)
1 El Kapern
150 g Frischkäse
75 g Schafskäse
Pfeffer
1 Tl edelsüßes Paprikapulver
1 Eigelb
1 El Milch

Für 4 Portionen | Einfach | Pro Portion ca. 555 kcal/2324 kJ 18 g E, 35 g F, 40 g KH | Zubereitung: ca. 30 Min. (1 Std. Ruhen, 30 Min. Backen)

MINI-CALZONE
mit Gorgonzola

FÜR 20 STÜCK

½ Tl Zucker
1 Tl Trockenhefe
250 g Mehl
2 Tl Olivenöl
1 Tl Salz
4 getrocknete Tomaten in Öl
125 g Gorgonzola
Pfeffer
15 g Rucola
Olivenöl zum Bestreichen
Fett für das Backblech

165 ml lauwarmes Wasser, Zucker und Hefe in den Mixbehälter geben und **ca. 25 Sek./Stufe 2** vermischen.

Mehl, Olivenöl und Salz zugeben, mit der **Teigknet-Taste** verkneten und den Teig dann abgedeckt an einem warmen Ort mind. 30 Minuten gehen lassen.

Den Teig anschließend sehr dünn ausrollen und 40 runde Plätzchen ausstechen. 20 Plätzchen auf ein gefettetes Backblech legen.

Den Mixbehälter gründlich reinigen. Die getrockneten Tomaten abtropfen lassen, in den Mixbehälter geben und **ca. 3 Sek./Turbo-Taste** zerkleinern. Gorgonzola und Pfeffer zugeben und alles **ca. 8 Sek./Stufe 3** vermischen.

Den Rucola waschen, trocken schütteln und grob zerteilen. Auf jedes Teigplätzchen gut 1 Tl der Käse-Tomaten-Mischung und etwas Rucola geben. Mit den restlichen Teigplätzchen bedecken und die Ränder zusammendrücken. Die Plätzchen im vorgeheizten Ofen bei 200 °C (Umluft 180 °C) etwa 15 Minuten knusprig backen. Mit 1 Tl Olivenöl bestreichen und servieren.

Für 20 Stück · Einfach · Pro Stück ca. 345 kcal/1444 kJ, 10 g E, 10 g F, 40 g KH · Zubereitung: ca. 30 Min. (30 Min. Gehen, 15 Min. Backen)

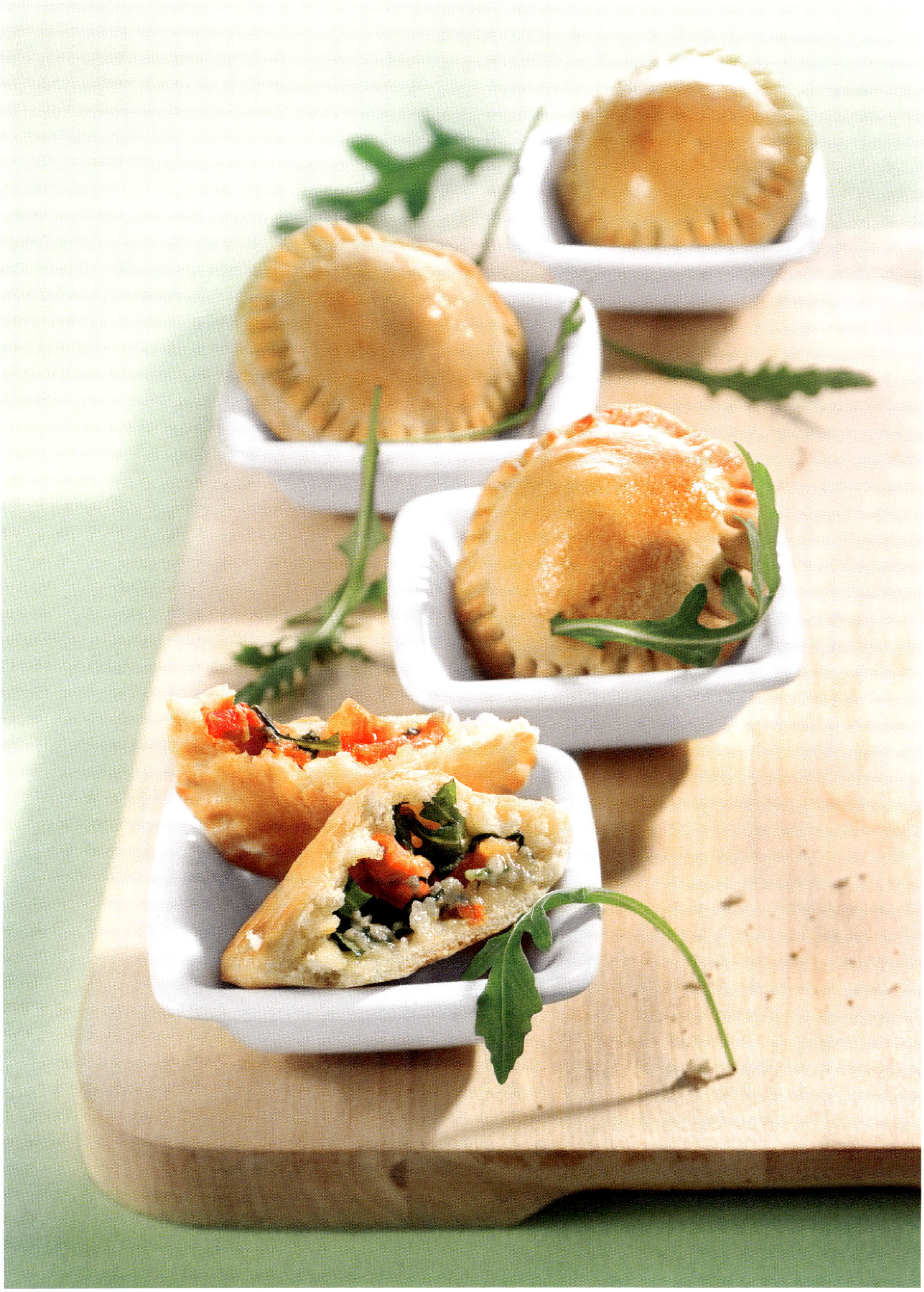

VOLLKORN-WINDBEUTEL
mit Frischkäse

FÜR 12 STÜCK

60 g Butter
Salz
150 g Vollkornweizenmehl
½ P. Backpulver
3 Eier
100 g Frischkäse
  (Doppelrahmstufe)
100 g Roquefort
50 ml Sahne
1 Tl Senf
Pfeffer
12 Blätter Basilikum
Fett für das Blech

225 ml Wasser, Butter und Salz in den Mixbehälter geben und **ca. 5 Min./100 °C/Stufe 1** erhitzen.

Mehl und Backpulver zugeben, **ca. 25 Sek./Stufe 4** unterrühren, Mixbehälter aus dem Gerät nehmen und den Teig etwa 10 Min. abkühlen lassen.

Mixbehälter wieder in das Gerät stellen und die Eier nach und nach durch die Deckelöffnung zugeben, dabei auf Stufe 5 rühren. Nach Zugabe des letzten Eis noch **ca. 40 Sek./Stufe 5** weiter rühren.

Den Backofen auf 220 °C (210 °C Umluft) vorheizen. Den Teig in einen Spritzbeutel füllen und in großen Abständen 12 Windbeutel auf ein gut gefettetes oder mit Backpapier belegtes Backblech spritzen. Im Ofen ca. 20 Minuten backen. Währenddessen die Ofentür nicht öffnen, da sonst das Gebäck zusammenfällt.

Den Mixbehälter gründlich reinigen. Frischkäse, Roquefort, Sahne, Senf, Pfeffer und Salz in den Mixbehälter geben und **ca. 40 Sek./Stufe 5** cremig rühren. Abschmecken.

Die Basilikumblätter waschen und trocken schütteln. Von den abgekühlten Windbeuteln oben eine kleine Kappe abschneiden. Die Windbeutel mit der Käsecreme füllen, die Basilikumblätter darauflegen und die Kappe wieder aufsetzen. Nach Belieben mit Holzspießen fixieren.

Für 12 Stück | Einfach | Pro Stück ca. 170 kcal/712 kJ — 6 g E, 13 g F, 8 g KH | Zubereitung: ca. 30 Min. (10 Min. Abkühlen, 20 Min. Backen)

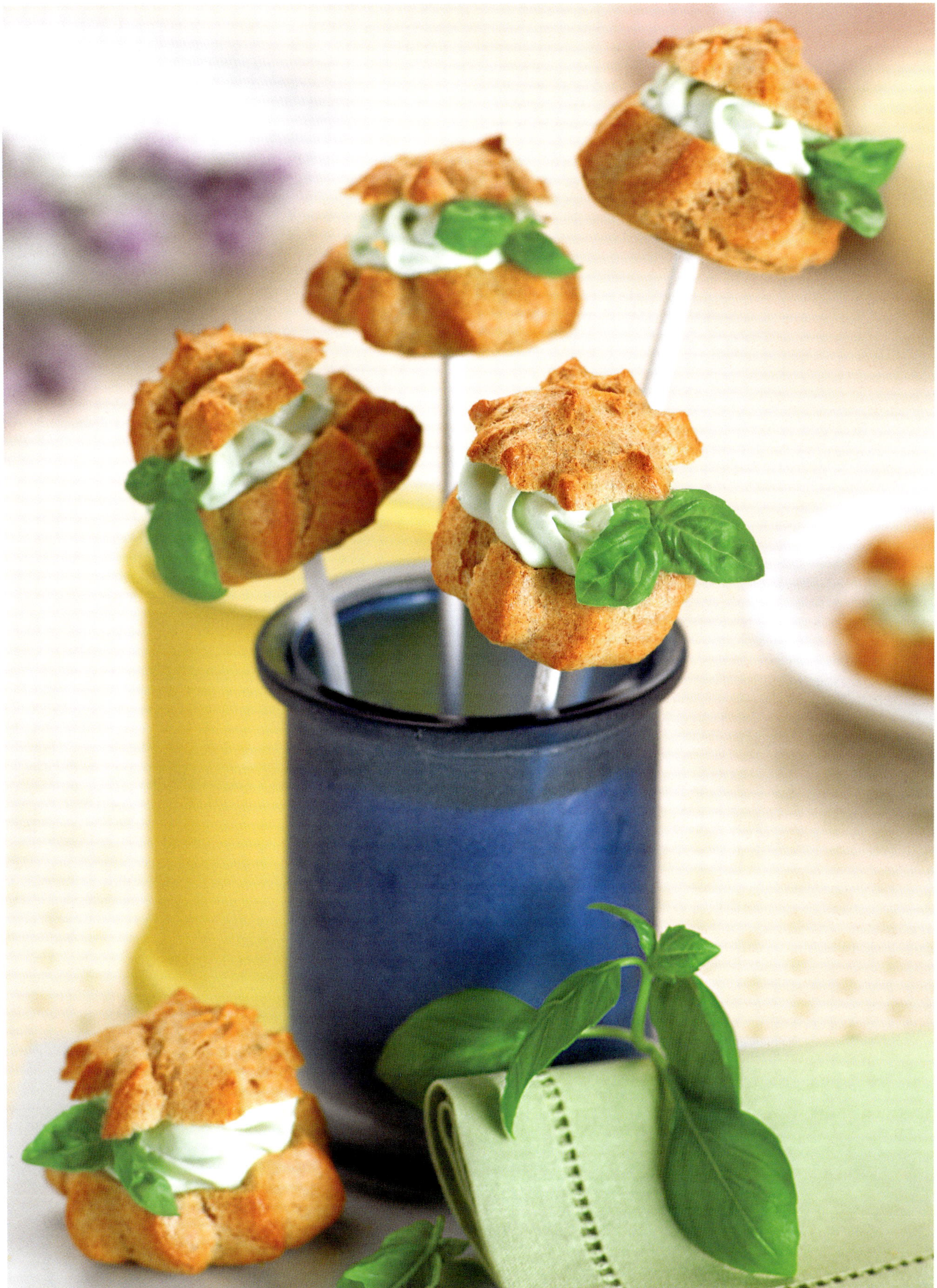

KÜMMELTASCHEN
mit Zwiebel-Aprikosen-Relish

FÜR 4 PORTIONEN

100 g getrocknete Aprikosen
1 kg rote Zwiebeln
125 g brauner Zucker
1 Tl Salz
1 Tl grob geschroteter schwarzer Pfeffer
100 ml Rotweinessig
ca. 600 g TK-Blätterteig
2-3 Tl Kümmel
4 El gemahlene Mandeln
175 g Ziegenkäse
1 Eigelb
2 El Milch

Die Aprikosen in schmale Streifen schneiden. Die Zwiebeln schälen, halbieren und im Mixbehälter **ca. 3 Sek./Turbo-Taste** zerkleinern. Mithilfe des Spatels an der Wand des Mixbehälters nach unten schieben. Aprikosen, Zucker, Salz, Pfeffer und Rotweinessig in den Mixbehälter geben und **ca. 20 Min./100 °C/Stufe 1/Linkslauf** mit offener Einfüllöffnung ohne Deckeleinsatz köcheln, anschließend abkühlen lassen.

Den Blätterteig auftauen lassen, in gleich große Quadrate schneiden und mit etwas Kümmel bestreuen. Die Teigstücke auf ein mit Backpapier ausgelegtes Backblech legen und mit einer Gabel mehrmals einstechen. In die Mitte die Mandeln und etwas Relish geben. Den Ziegenkäse zerkrümeln und darauf verteilen.

Den Backofen auf 200 °C (Umluft 180 °C) vorheizen. Das Eigelb mit der Milch verquirlen. Die Teigstücke zu Dreiecken falten und mit der Eiermilch bepinseln. Mit dem restlichen Kümmel bestreuen und im Ofen etwa 15 Minuten backen. Das restliche Relish dazureichen.

Für 4 Portionen | Einfach | Pro Portion ca. 855 kcal/3580 kJ 18 g E, 48 g F, 87 g KH | Zubereitung: ca. 20 Min. (20 Min. Garen, 15 Min. Backen)

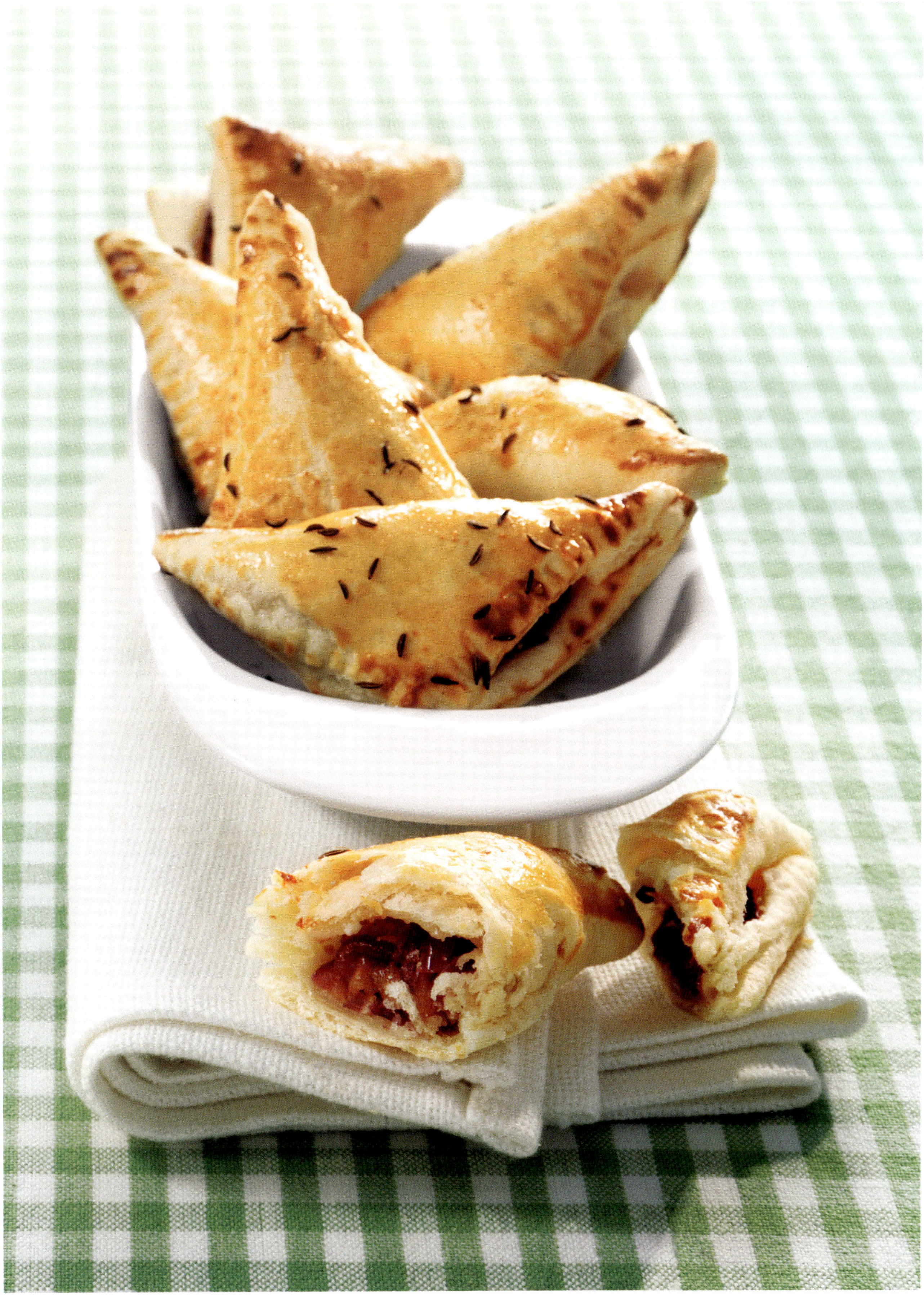

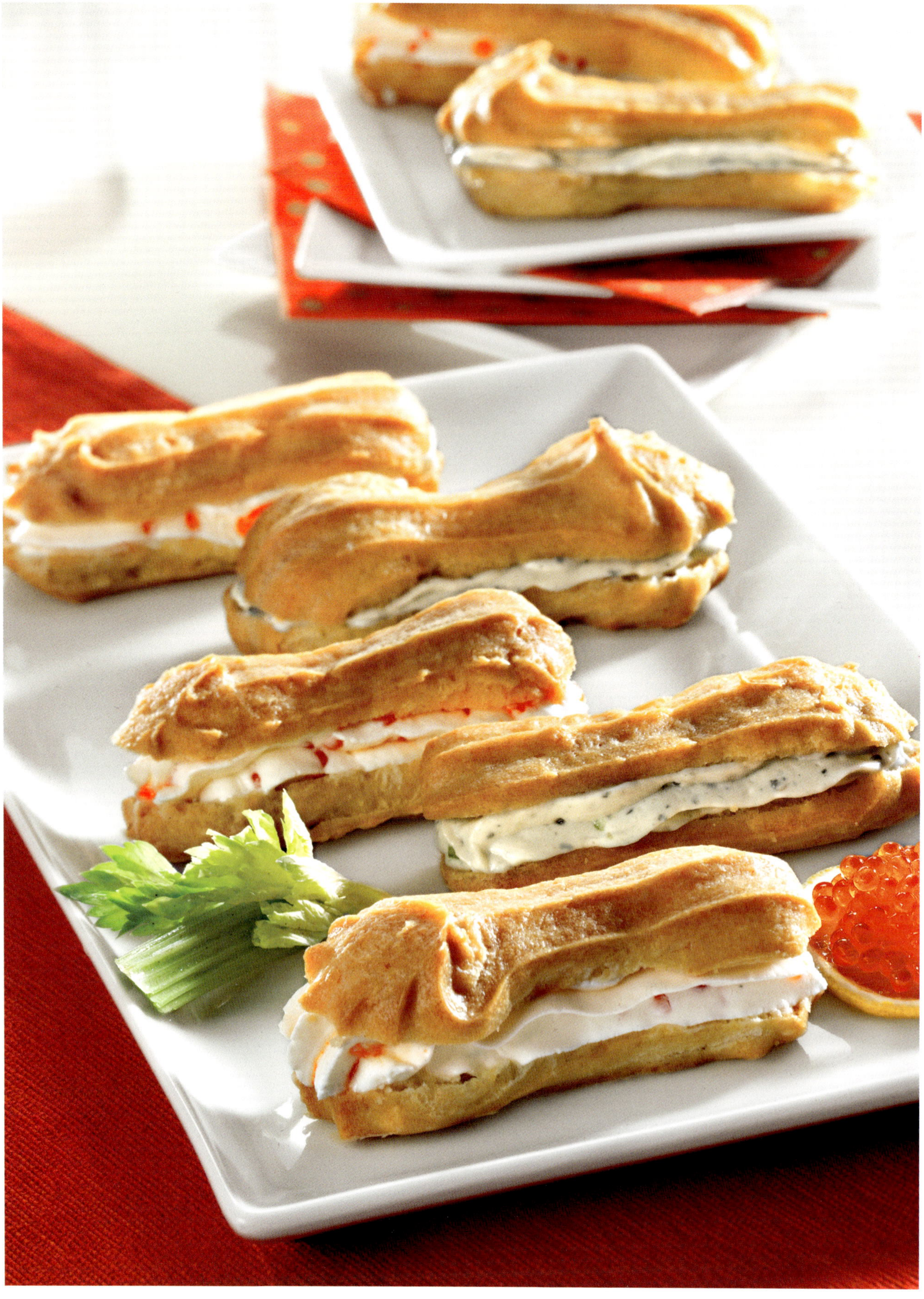

ECLAIRS
mit zwei Füllungen

Für den Teig die Butter mit Salz und 125 ml Wasser in den Mixbehälter geben und **ca. 4 Min./100 °C/Stufe 1** aufkochen. Mehl und Backpulver zugeben und **ca. 2 Min./Stufe 4** unterrühren. Die Masse ca. 15 Minuten abkühlen lassen.

Die Eier nacheinander durch die Deckelöffnung zugeben, während auf Stufe 5 gerührt wird. Anschließend noch **ca. 1 ½ Min./Teigknet-Taste** rühren.

Den Backofen auf 225 °C (Umluft 200 °C) vorheizen. Den Teig in einen Spritzbeutel geben und 12 fingerlange Streifen auf ein gefettetes Backblech spritzen. Im Ofen etwa 20 Minuten backen. Danach sofort längs aufschneiden. Den Mixbehälter gründlich reinigen.

Für die Kaviar-Frischkäse-Füllung den Frischkäse mit den restlichen Zutaten in den Mixbehälter geben und **ca. 10 Sek./Stufe 4** vermischen. Die Masse mit einem Teelöffel in die Hälfte der aufgeschnittenen Eclairs geben und die Deckel aufsetzen. Den Mixbehälter gründlich reinigen.

Für die Gorgonzola-Füllung den Sellerie putzen und im Mixbehälter **ca. 8 Sek./Stufe 6** fein zerkleinern. Mithilfe des Spatels nach unten schieben. Gorgonzola, Sahne und Paprika zufügen und **ca. 15 Sek./Stufe 5** verrühren. Die Masse in die restlichen Eclairs füllen.

FÜR 12 STÜCK

FÜR DIE ECLAIRS:
30 g Butter
Salz
75 g Mehl
½ Tl Backpulver
2 Eier
Fett für das Blech

FÜR DIE KAVIAR-FRISCHKÄSE-FÜLLUNG:
200 g Frischkäse
1 El Milch
Pfeffer
1 Tl Zitronensaft
20 g Forellenkaviar

FÜR DIE GORGONZOLA-FÜLLUNG:
1 Stange Staudensellerie
200 g Gorgonzola
3 El Sahne
1 Tl Paprikapulver

ROSMARIN-MUFFINS
mit Chorizo

FÜR 20 STÜCK

2 Zweige Rosmarin
175 g Mehl
1 Tl Backpulver
1 Tl Natron
Salz
3 El Butter
1 Ei
125 ml Milch
4 El Frischkäse
150 g Chorizo
1 Pfirsich
1 Tl Weinessig
Fett für die Förmchen

Den Rosmarin waschen, trocken schütteln und die Nadeln von den Zweigen zupfen. Nadeln in den Mixbehälter geben und **ca. 3 Sek./Turbo-Taste** zerkleinern. Umfüllen und den Mixbehälter reinigen.

Den Backofen auf 200 °C (Umluft 180 °C) vorheizen. Das Mehl mit Backpulver, Natron, Salz, Rosmarin, Butter, Ei und Milch in den Mixbehälter geben und **ca. 1 Min./Teigknet-Taste** zu einem glatten Teig verrühren.

Den Teig in 20 gefettete Muffinförmchen füllen und im Ofen etwa 12 Minuten backen. Aus den Förmchen lösen und auf einem Kuchengitter abkühlen lassen.

Die Muffins halbieren und die untere Hälfte mit Frischkäse bestreichen. Die Chorizo in Scheiben schneiden und darauflegen.

Den Pfirsich häuten, den Kern entfernen, das Fruchtfleisch würfeln und mit dem Essig vermischen. Das Pfirsichrelish auf die Chorizoscheiben geben und die oberen Muffinhälften daraufsetzen.

Für 20 Stück | Einfach | Pro Stück ca. 78 kcal/327 kJ, 3 g E, 3 g F, 7 g KH | Zubereitung: ca. 15 Min. (12 Min. Backen, 30 Min. Abkühlen)

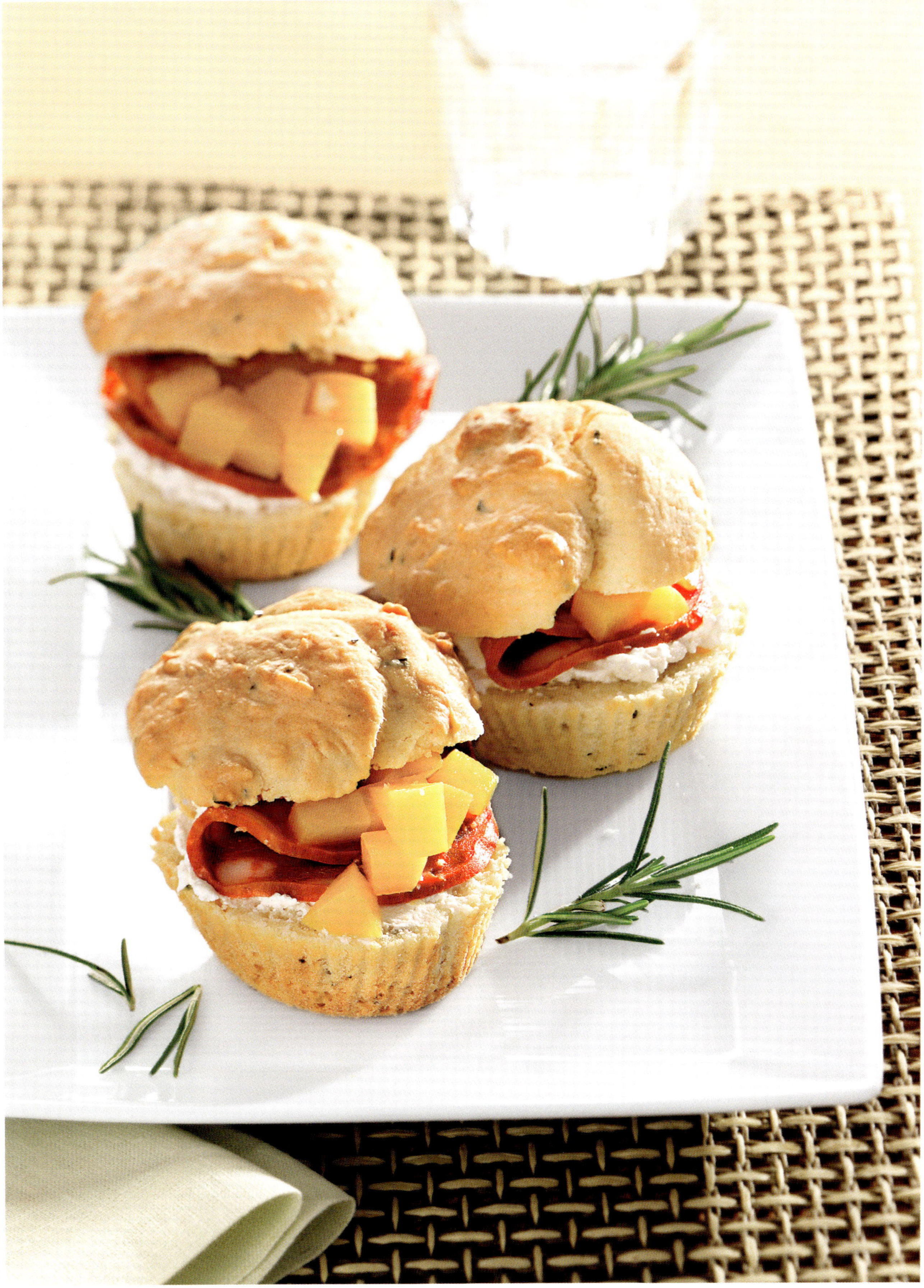

FRIKADELLEN
in Maus- und Igelform

FÜR 16 STÜCK

400 g gemischtes Hackfleisch
 (oder 400 g gemischtes Fleisch
 in Würfeln von ca. 3-5 cm Größe)
1 kleine Zwiebel
2 Eier (Größe M)
2 El Paniermehl
Pfeffer
Salz
100 g Frischkäse
 (Doppelrahmstufe)
1 Tl Zitronensaft
1 rote Paprika
100 g gehobelte Mandeln
100 g gestiftete Mandeln
100 ml Öl zum Braten

Um Hackfleisch selbst herzustellen, die Fleischwürfel zunächst ca. 60 Minuten anfrieren und dann in den Mixbehälter geben. Das Fleisch **ca. 20 Sek./Stufe 7** zerkleinern. Ggf. mit dem Spatel nach unten schieben und den Vorgang bis zum Erreichen der gewünschten Konsistenz wiederholen.

Die Zwiebel schälen, halbieren und in den Mixbehälter geben. **Ca. 3 Sek./Turbo-Taste** zerkleinern und mit dem Spatel nach unten schieben. Hackfleisch, Eier, Paniermehl, 2 El Wasser, Pfeffer und Salz zugeben und **ca. 2 Min./Teigknet-Taste** vermischen. Aus der Masse 16 kleine, an einer Seite spitz zulaufende Frikadellen formen und diese in einer Pfanne im Öl gar braten. Den Mixbehälter gründlich reinigen.

Den Frischkäse mit dem Zitronensaft, Salz und Pfeffer im Mixbehälter **ca. 15 Sek./Stufe 4** glatt rühren und abschmecken. Die Käsecreme in einen Spritzbeutel mit feiner Tülle füllen. Die Paprika putzen, waschen und in ca. 0,5 cm große Stücke schneiden.

Für die Mausfrikadellen an der Spitze der Frikadelle 1 kleines Paprikastück als Nase mit etwas Frischkäsecreme ankleben und Augen aufspritzen. Für die Ohren je 2 Mandelblätter in die Frikadelle stecken.

Für die Igelfrikadellen an der Spitze der Frikadelle 1 kleines Paprikastück als Nase mit etwas Frischkäsecreme ankleben und Augen aufspritzen. Als Stacheln mehrere Reihen Mandelstifte einstecken. In jede Frikadelle einen Holzspieß stecken.

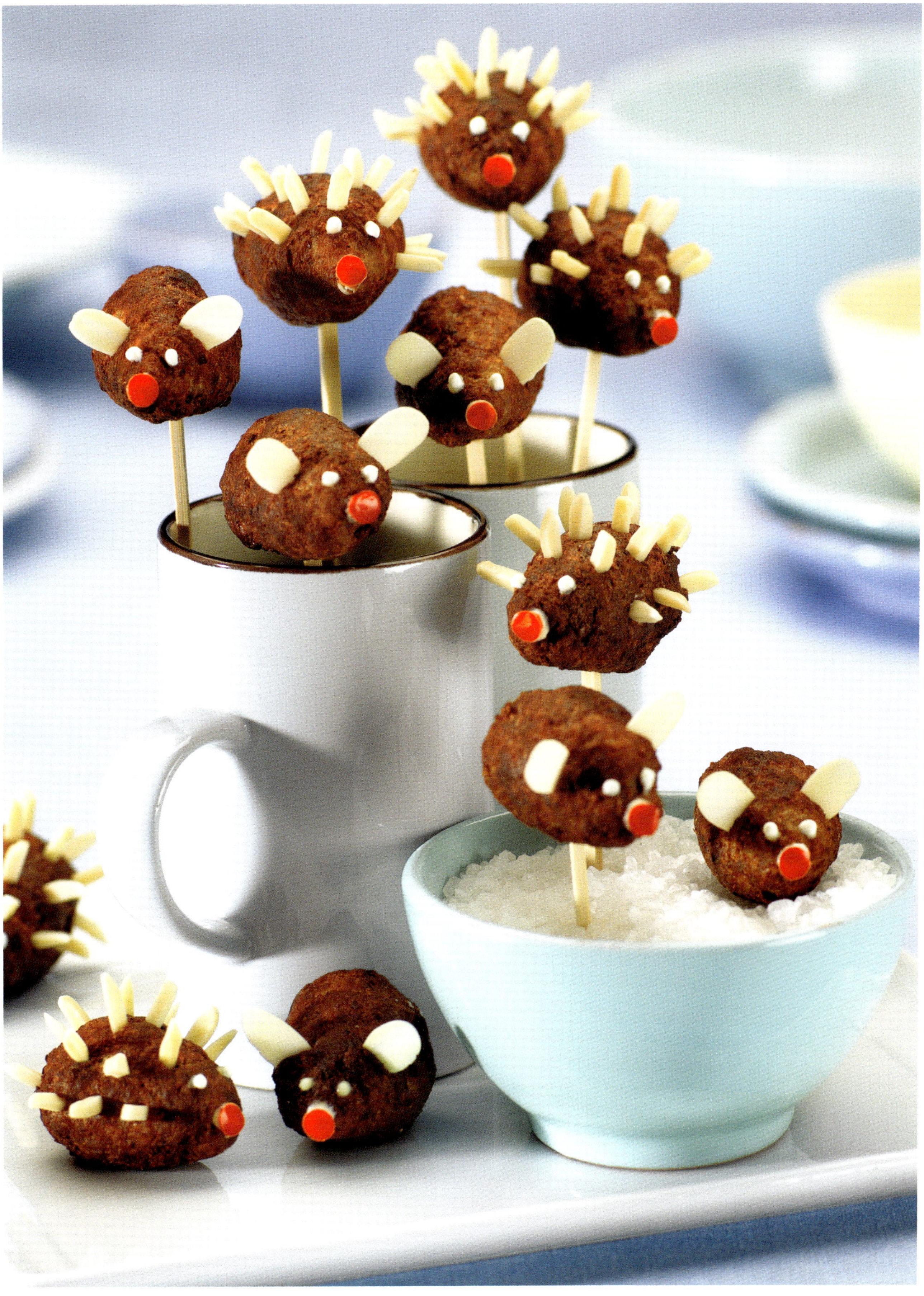

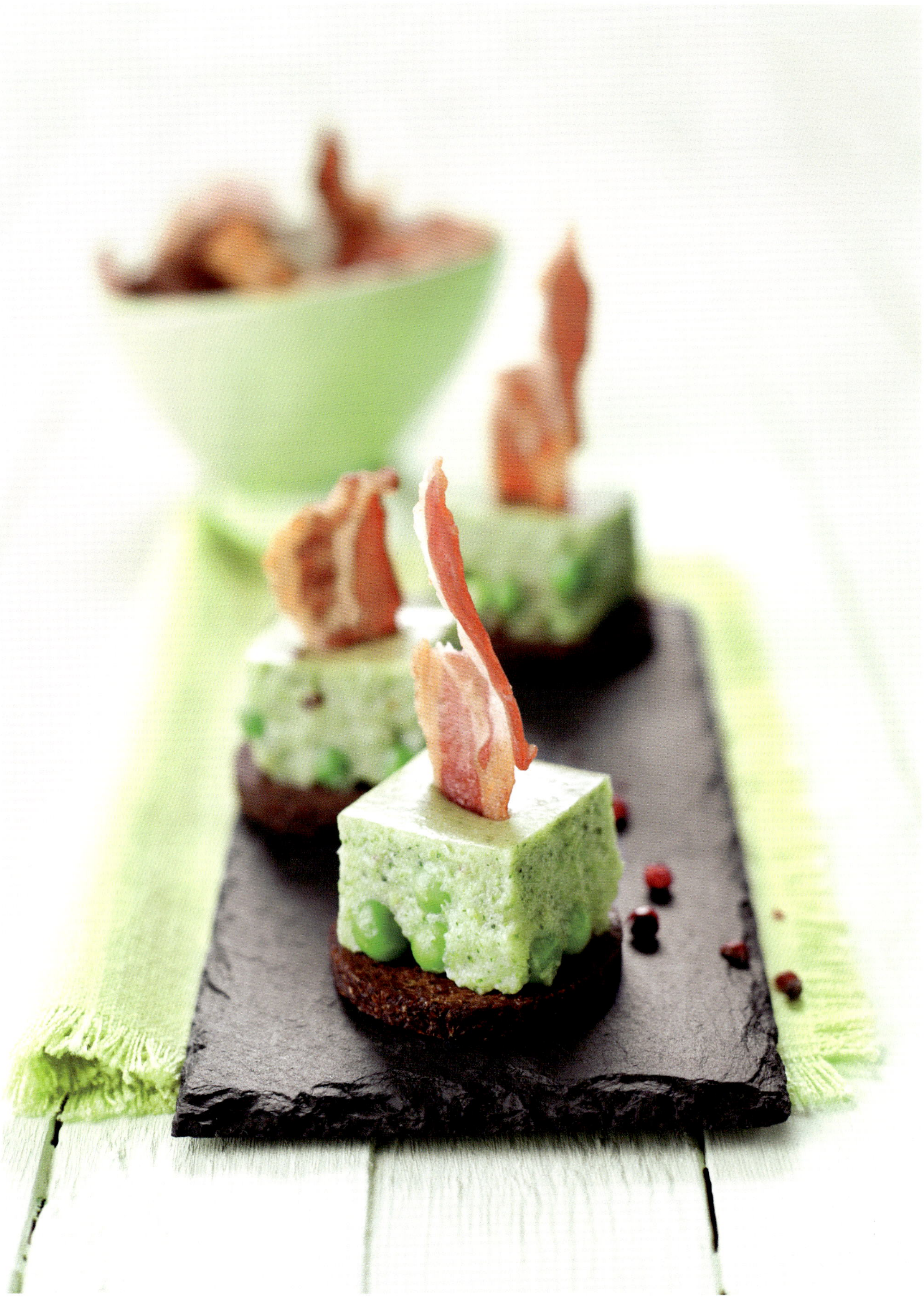

GELIERTE BROKKOLISUPPE
mit Räucherspeck

Die Gelatineblätter in etwas kaltem Wasser quellen lassen. Die Zwiebel und den Knoblauch schälen, im Mixbehälter **ca. 3 Sek./Turbo-Taste** zerkleinern, dann mithilfe des Spatels Richtung Mixbehältermesser schieben.

Butter in den Mixbehälter zugeben, Zwiebeln und Knoblauch darin **ca. 2 Min./Anbrat-Taste** dünsten. Die Brokkoliröschen von den Stielen abschneiden, waschen, in den Mixbehälter geben und **ca. 2 Min./Anbrat-Taste** andünsten. Sahne, 250 ml Wasser, Salz und Pfeffer zugeben und **ca. 10 Min./100 °C/Stufe 1** garen. Anschließend die Suppe **ca. 50 Sek./Stufe 5-8** schrittweise ansteigend fein pürieren und die Gelatineblätter in der noch heißen Suppe **ca. 15 Sek./Stufe 3** auflösen. Die Suppe abschmecken.

In einem Kochtopf die Erbsen in kochendem Salzwasser kurz blanchieren und abschrecken. Erbsen und rosa Pfefferbeeren unter die Brokkolisuppe heben und in eine flache Schale füllen, in der die Masse etwa 3-4 cm hoch steht. Im Kühlschrank ca. 5 Stunden gelieren lassen.

Kurz vor Ende der Kühlzeit den Speck in einer Pfanne ohne Öl kross braten, auf Küchenpapier abtropfen lassen und in grobe Stücke brechen. Die gelierte Suppe aus dem Kühlschrank nehmen, aus der Form lösen und in 3-4 cm große Würfel schneiden. Je einen Würfel auf einer Scheibe Pumpernickel anrichten, ein Stück Speck hineinstecken und auf einer Platte servieren.

FÜR 15 STÜCK

6 Blatt weiße Gelatine
½ Zwiebel
½ Knoblauchzehe
1 El Butter
150 g Brokkoli
50 ml Sahne
Salz
Pfeffer
100 g Erbsen
1 Tl rosa Pfefferbeeren
6 Scheiben Bacon
15 runde Pumpernickeltaler

PARMESANKÖRBCHEN
mit Vitello Tonnato

FÜR 15 STÜCK

130 g Parmesan
75 g Thunfisch aus der Dose
1 Tl Kapern
1 Sardelle
1 ½ El saure Sahne
1 Tl Zitronensaft
Salz
Pfeffer
8 Scheiben Kalbsbraten
½ Beet Rucola-Kresse

AUSSERDEM:
1 Anrichtering (7 cm Ø)

Parmesan in den Mixbehälter geben und **ca. 20 Sek./Stufe 10** zerkleinern. Umfüllen und den Mixbehälter gründlich reinigen.

Eine Pfanne mit Backpapier auslegen und auf mittlerer Stufe erhitzen. Mithilfe eines Anrichteringes (7 cm Ø) jeweils 2 Tl Parmesan auf das Backpapier in der Pfanne geben und schmelzen lassen. Das Backpapier aus der Pfanne heben und mit dem geschmolzenen Parmesan umgedreht über den Boden eines kleinen Gläschens legen. Das Backpapier abziehen und den Parmesan erst vom Glas nehmen, wenn er fest ist. So weiterverfahren, bis 15 Parmesankörbchen entstanden sind.

Für die Thunfischcreme den Thunfisch abtropfen lassen und mit den Kapern, der Sardelle, der sauren Sahne, Zitronensaft, Salz und Pfeffer im Mixbehälter **ca. 30 Sek./Stufe 4** cremig rühren. Abschmecken.

Die Kalbsbratenscheiben der Länge nach halbieren und je eine halbe Scheibe in ein Parmesankörbchen geben. Die Thunfischcreme darauf verteilen und mit Rucola-Kresse garnieren.

Für 15 Stück | Einfach | Pro Stück ca. 71 kcal/297 kJ 7 g E, 5 g F, 1 g KH | Zubereitung: ca. 30 Min.

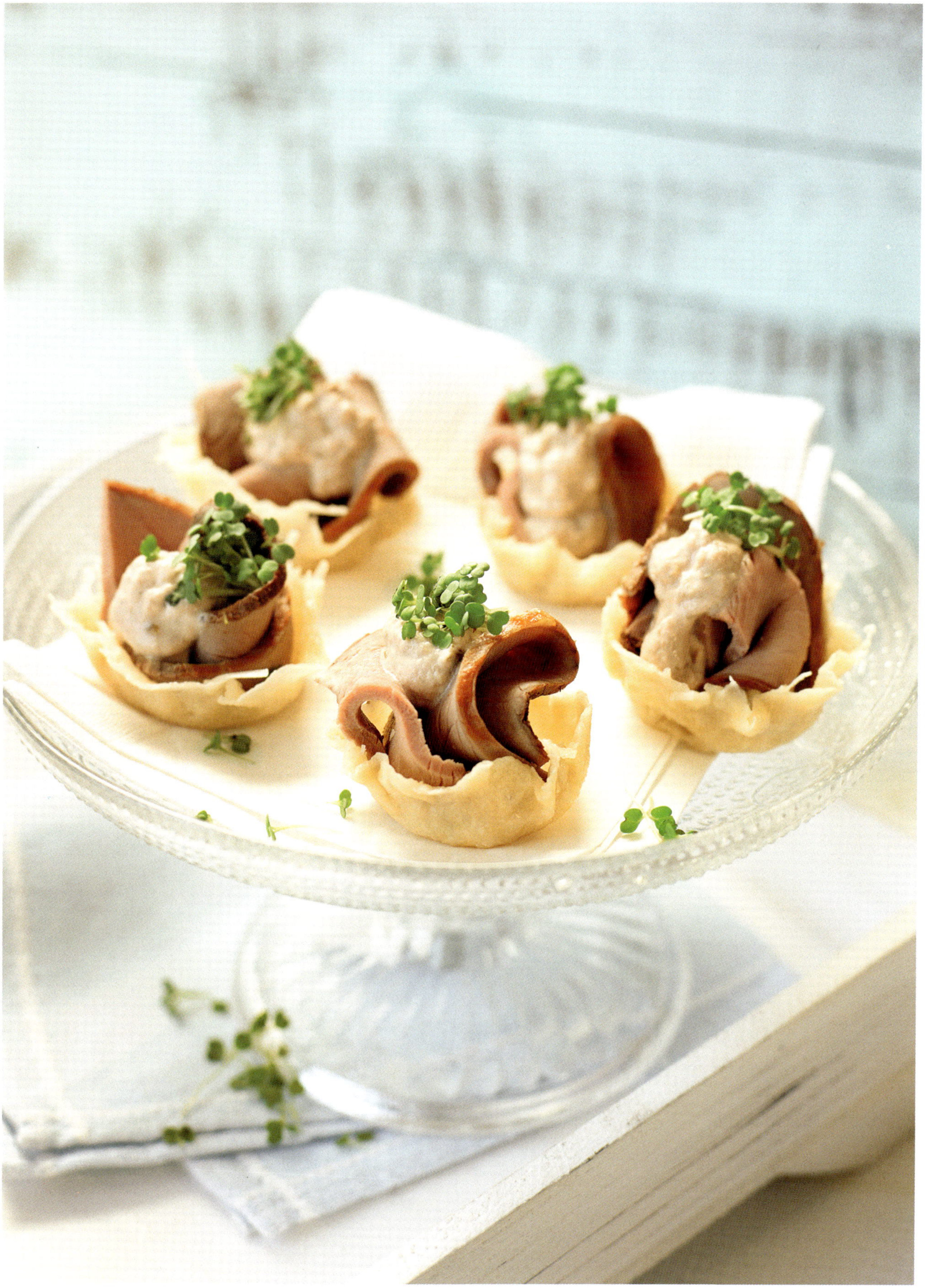

LAMMSPIESSCHEN
mit Hummusdip

FÜR 6 STÜCK

FÜR DEN HUMMUSDIP:
250 g Kichererbsen (vorgekocht)
½ rote Chilischote
3 große Minzblätter
2 El gerösteter Sesam
Salz
2 El Zitronensaft

FÜR DIE LAMMSPIESSCHEN:
1 Lammlachs (ca. 230 g)
½ Knoblauchzehe
½ rote Chilischote
4 große Minzblätter
20 g Honig
½ Tl Ras-el-Hanout
1 El Rapsöl

AUSSERDEM:
6 Holzspieße

Für den Dip die Kichererbsen in einem Sieb abtropfen lassen, die Chilischote waschen und entkernen, die Minzblätter waschen und trocken schütteln. Alles mit Sesam, etwas Salz, 5 El Wasser und Zitronensaft **ca. 20 Sek./Stufe 6** grob pürieren. Den Dip abgedeckt im Kühlschrank durchziehen lassen.

In der Zwischenzeit den Lammlachs horizontal in 3 dünne Scheiben schneiden und diese jeweils längs halbieren. Für die Marinade den Knoblauch schälen und mit der halben Chilischote und den gewaschenen und trocken geschüttelten Minzblättern im Mixbehälter **ca. 3 Sek./Turbo-Taste** zerkleinern. Mithilfe des Spatels Richtung Mixbehälterboden schieben, Honig und Ras-el-Hanout zugeben und **ca. 8 Sek./Stufe 4** verrühren.

Das Lammfleisch wellenförmig auf Holzspieße stecken und mit der Marinade einpinseln. In einer Grillpfanne das Rapsöl erhitzen und die Lammspieße von beiden Seiten scharf angrillen.

Die Spieße aus der Pfanne nehmen und mit dem Hummusdip lauwarm servieren.

Für 6 Stück | Einfach | Pro Stück ca. 156 kcal/653 kJ, 14 g E, 6 g F, 11 g KH | Zubereitung: ca. 30 Min.

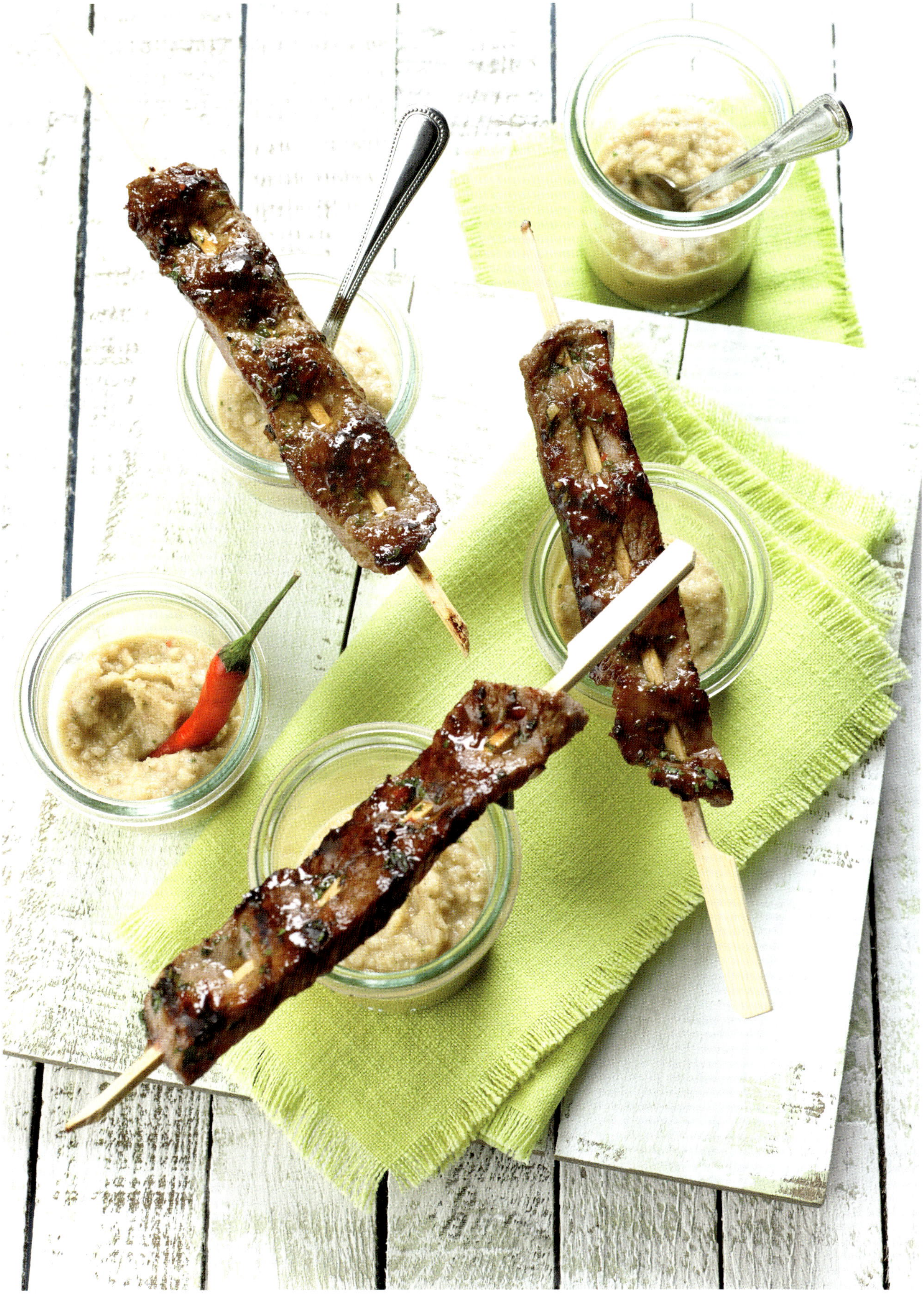

HACKBRATEN
mit Rahmguss

FÜR 4 PORTIONEN

500 g gemischtes Hackfleisch
  (oder 400 g gemischtes Fleisch
  in Würfeln von ca. 3-5 cm Größe)
1 El getrocknete Steinpilze
1 Brötchen vom Vortag
1 große Zwiebel
3 El Butter
1 Ei
Salz
Pfeffer
frisch geriebene Muskatnuss
250 ml Rinderbrühe
125 ml Sahne
Butter für die Form

Um Hackfleisch selbst herzustellen, die Fleischwürfel zunächst ca. 60 Minuten anfrieren und dann in den Mixbehälter geben. Das Fleisch **ca. 20 Sek./Stufe 7** zerkleinern. Ggf. mit dem Spatel nach unten schieben und den Vorgang bis zum Erreichen der gewünschten Konsistenz wiederholen.

Die Steinpilze mit 125 ml heißem Wasser übergießen und quellen lassen. Die Brötchenkruste abreiben und aufheben, dann das Brötchen in kaltem Wasser einweichen. Die Zwiebel schälen, halbieren und im Mixbehälter **ca. 3 Sek./Turbo-Taste** zerkleinern. Mithilfe des Spatels nach unten schieben, 1 Tl Butter zugeben und **ca. 2 Min./Anbrat-Taste** dünsten.

Das Brötchen ausdrücken, mit dem Hackfleisch, Ei, Salz, Pfeffer und Muskatnuss in den Mixbehälter geben und alles **ca. 2 ½ Minuten/ Stufe 3/Linkslauf** gut vermischen. Die Steinpilze ausdrücken (Einweichwasser aufheben), fein hacken und **ca. 15 Sek./Stufe 2/Linkslauf** unterheben. Falls der Fleischteig zu weich ist, die abgeriebene Brötchenkruste untermischen. Den Fleischteig dann zu einem länglichen Laib formen.

Den Backofen auf 220 °C (Umluft 200 °C) vorheizen. Einen Bräter mit Butter ausstreichen und den Hackbraten hineinsetzen. Die restliche Butter erhitzen und heiß über den Fleischteig gießen. Den Hackbraten ca. 45 Minuten auf mittlerer Schiene backen, bis er braun wird. Dabei hin und wieder mit Rinderbrühe begießen. Ca. 10 Minuten vor Ende der Garzeit die Sahne über den Braten gießen.

Den Braten herausheben, den Bratfond im Bräter mit dem Einweichwasser der Steinpilze unter Rühren loskochen, salzen, pfeffern und durch ein Sieb gießen. Den Braten in Scheiben schneiden und mit der Sauce servieren.

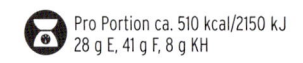

Für 4 Portionen • Einfach • Pro Portion ca. 510 kcal/2150 kJ, 28 g E, 41 g F, 8 g KH • Zubereitung: ca. 20 Min. (1 Std. Gefrieren, 45 Min. Garen)

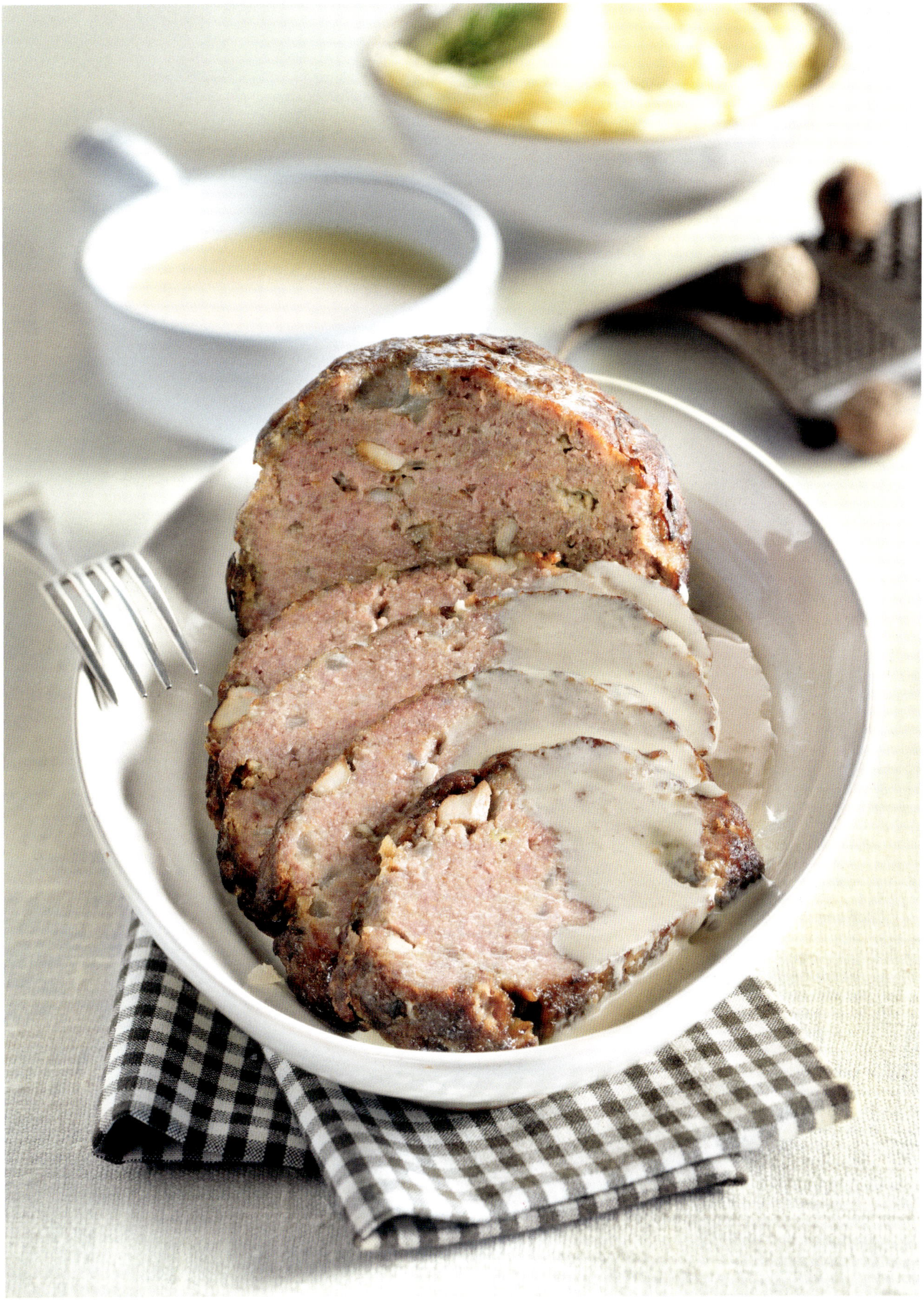

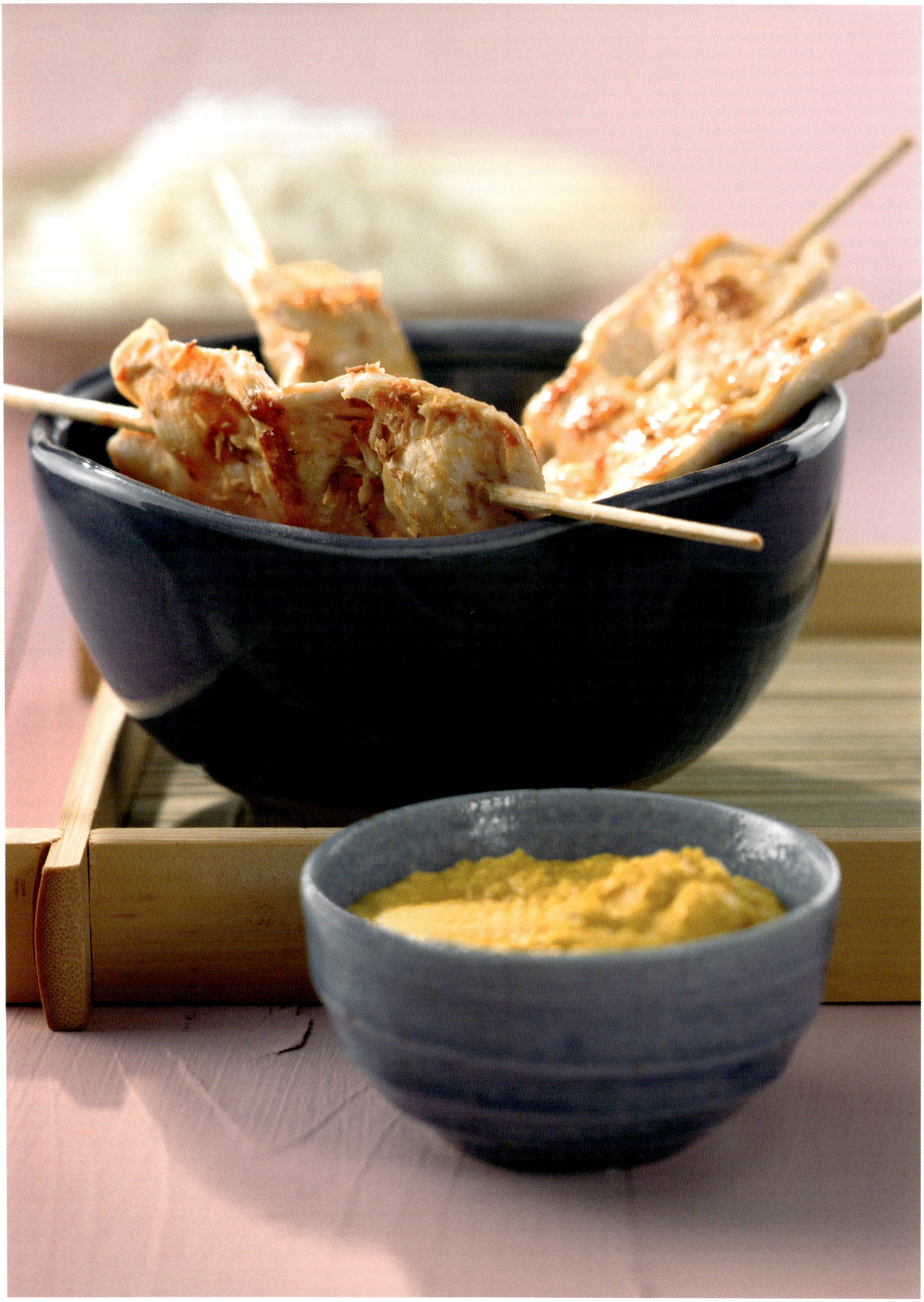

SATÉSPIESSE
mit Erdnusssauce

Die Hähnchenbrustfilets der Länge nach in sehr dünne Scheiben schneiden (ca. 3–5 mm) und in einer leichten Wellenform auf 12 Holzspieße stecken.

Das Zitronengras in feine Streifen schneiden und mit 80 ml Kokosmilch, 1 Prise Salz, 1 El Sambal Oelek und Ingwer in den Mixbehälter geben, **ca. 8 Sek./Stufe 4** verrühren und über die Hähnchenspieße geben. Das Ganze mindestens 1 Stunde zugedeckt marinieren. Den Mixbehälter gründlich reinigen.

Die Knoblauchzehen schälen, **ca. 3 Sek./Turbo-Taste** zerkleinern und mithilfe des Spatels Richtung Mixbehälterboden schieben. Erdnusscreme, restliche Kokosmilch und Currypaste, restliches Sambal Oelek, Reisessig und Salz hinzugeben und **ca. 20 Sek./Stufe 5** gut verrühren. Abschmecken.

Die Spieße aus der Marinade nehmen, abtropfen lassen und ggf. trocken tupfen. Das Kokosöl im Wok erhitzen, die Spieße darin goldbraun braten und mit der Erdnusssauce servieren.

FÜR 4 PORTIONEN

4 Hähnchenbrustfilets (à 150 g)
2 Stängel Zitronengras
200 ml Kokosmilch (ungesüßt)
Salz
1½ El Sambal Oelek
½ Tl gemahlener Ingwer
2 Knoblauchzehen
125 g Erdnusscreme
1 El rote Currypaste
2 El Reisessig
4 El Kokosöl
12 Holzspieße

WAN-TAN-SÄCKCHEN
mit Seeteufel

FÜR 12 STÜCK

FÜR DIE WAN-TAN-SÄCKCHEN:
12 Wan-Tan-Blätter (TK)
2 Eier (Größe M)
120 g Seeteufelfilet
40 g Schafskäse
30 g Fenchel
½ rote Chilischote
12 Schnittlauchhalme

FÜR DIE SAUCE:
1 Bund „Frankfurter-Grüne-Sauce"-Kräuter (krause Petersilie, Kerbel, Schnittlauch, Sauerampfer, Zitronenmelisse, Dill, Borretsch)
150 g saure Sahne
1 El Olivenöl
2 Tl weißer Balsamico
Salz
Pfeffer

Die Wan-Tan-Blätter auf der Arbeitsfläche ausbreiten und kurz antauen lassen. Für die Eier den Mixbehälter mit 500 ml Wasser füllen. Gareinsatz einhängen und die Eier hineingeben. Eier **ca. 15 Min./Dampfgar-Taste** hart kochen. Den Gareinsatz mithilfe des Spatels sofort nach Ende der Garzeit aus dem Mixbehälter heben und die Eier mit fließendem kaltem Wasser abschrecken.

Das Seeteufelfilet und den Schafskäse in kleine Würfel schneiden. Fenchel und Chilischote putzen, waschen und im Mixbehälter **ca. 3 Sek./Turbo-Taste** fein zerkleinern, dann mithilfe des Spatels Richtung Mixbehältermesser schieben. Seeteufel-Filet und Schafskäse zugeben und **ca. 10 Sek./Stufe 2** vermengen.

Je 1 Tl der Füllung mittig auf den Wan-Tan-Blättern verteilen. Die Ränder der Teigblätter mit Wasser einpinseln und zu kleinen Säckchen zusammenfalten. Die Schnittlauchhalme waschen und trocken schütteln. Die Wan-Tan-Säckchen mit je einem Schnittlauchhalm umwickeln und verschließen.

1 Liter Wasser in den Mixbehälter füllen. Den Gareinsatz leicht einfetten und die Wan-Tans hineinsetzen. **Ca. 10 Min./Dampfgar-Taste** garen. Herausheben und leicht abkühlen lassen.

Für die „Frankfurter Grüne Sauce" die Kräuter waschen, trocken schütteln und die Blätter von den Stängeln zupfen. Im Mixbehälter **ca. 5 Sek./Turbo-Taste** zerkleinern, dann mithilfe des Spatels Richtung Mixbehältermesser schieben. Saure Sahne, Olivenöl, Balsamico, Salz und Pfeffer dazugeben und **ca. 20 Sek./Stufe 5** verrühren. Die Eier pellen, klein würfeln und **ca. 8 Sek./Stufe 3/Linkslauf** untermengen. Abschmecken. Die Wan-Tan-Säckchen mit der Kräutersauce anrichten und servieren.

Für 12 Stück | Einfach | Pro Stück ca. 86 kcal/360 kJ 5 g E, 4 g F, 7 g KH | Zubereitung: ca. 30 Min. (10 Min. Garen)

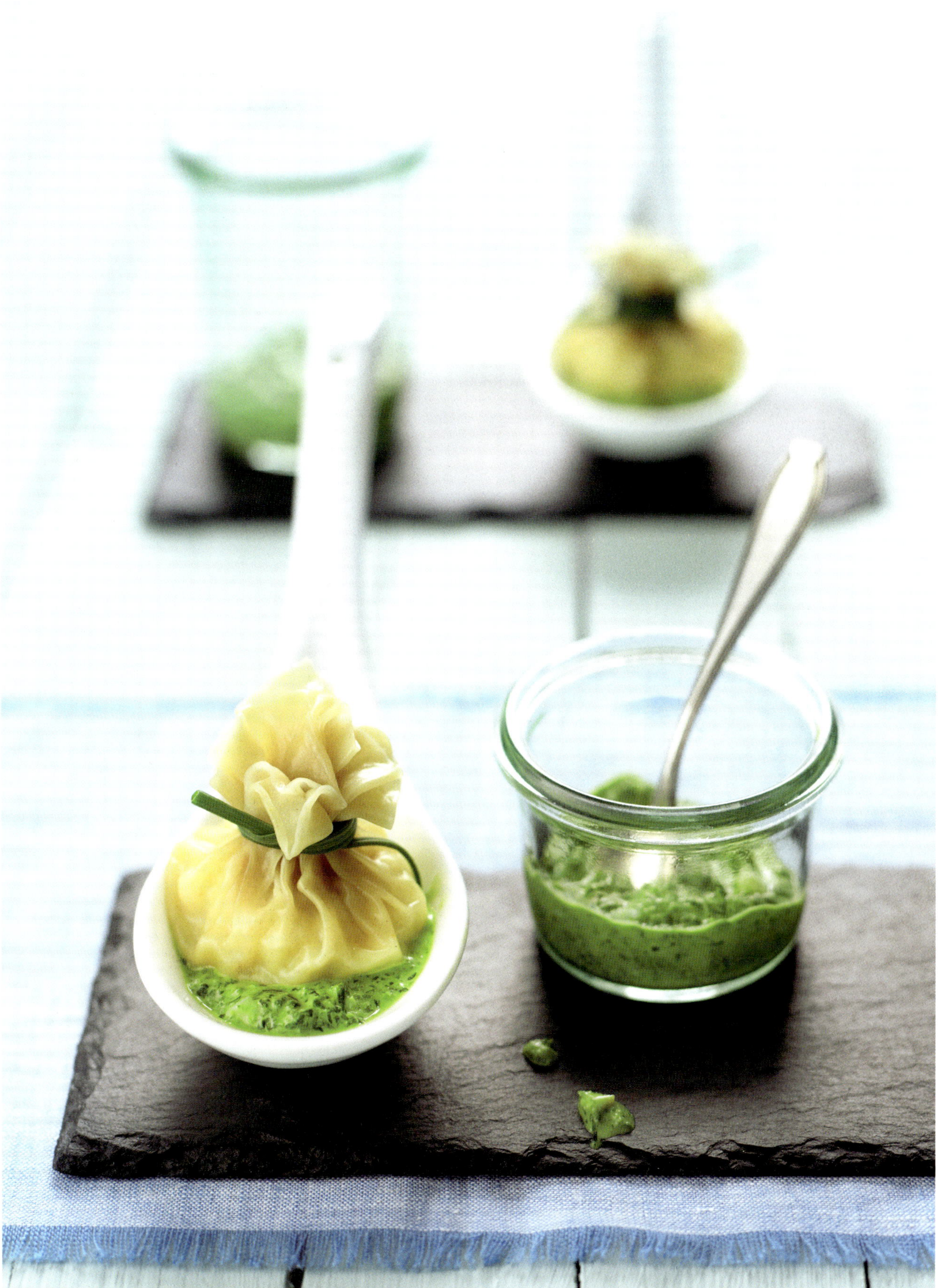

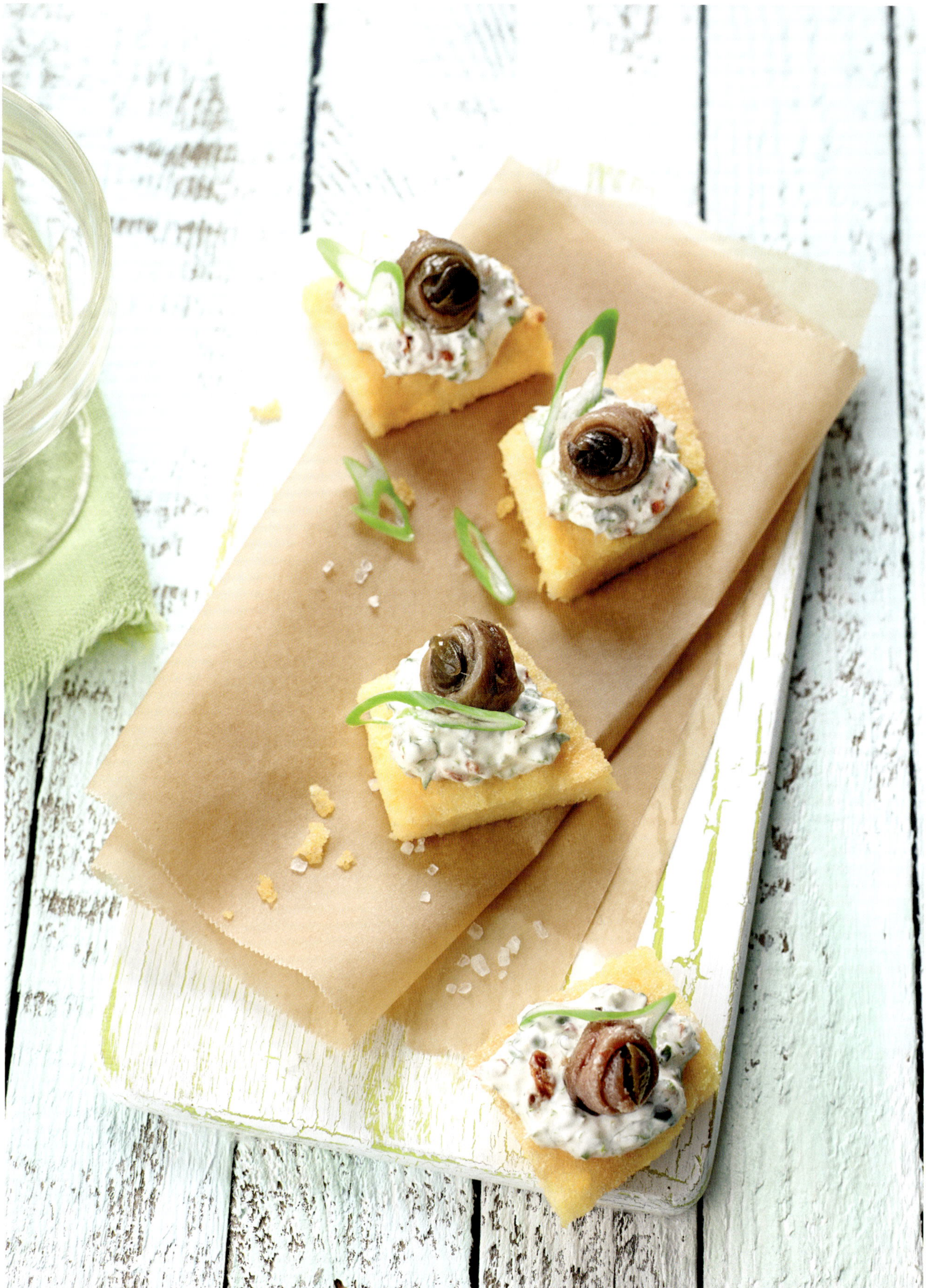

FISCH & MEERESFRÜCHTE

POLENTA
mit Kräutermousse

Den Backofen auf 200 °C (Umluft 180 °C) vorheizen. Parmesan in den Mixbehälter geben und **ca. 20 Sek./Stufe 10** zerkleinern. Umfüllen und den Mixbehälter gründlich reinigen.

250 ml Wasser in den Mixbehälter geben, den Maisgrieß und das Salz hinzufügen und **ca. 15 Min./90 °C/Stufe 3** garen, bis eine dickliche Masse entstanden ist. Den geriebenen Parmesan dazugeben und **ca. 40 Sek./Stufe 4** unterrühren. Die Polenta 5-10 Minuten im Mixbehälter nachquellen lassen, dann ca. 1 cm dick auf ein mit Backpapier ausgelegtes Backblech streichen und im Backofen ca. 20 Minuten backen. Auf einem Gitter auskühlen lassen.

Inzwischen die Kräuter waschen, trocken schütteln, die Stiele entfernen und die Blätter im Mixbehälter mit den getrockneten Tomaten **ca. 3 Sek./Turbo-Taste** fein zerkleinern. Dann mithilfe des Spatels Richtung Mixbehältermesser schieben, den Schmand zugeben und **ca. 8 Sek./Stufe 5** vermengen.

Die ausgekühlte Polenta in 12 mundgerechte Rechtecke schneiden und auf jedem Stück etwas Kräutermousse verteilen. Die Frühlingszwiebel putzen, waschen, in feine Ringe schneiden und mit den Sardellen dekorativ auf der Mousse platzieren.

FÜR 12 STÜCK

30 g Parmesan
70 g Maisgrieß
¼ Tl Salz
3 Zweige Basilikum
3 Zweige Petersilie
3 Zweige Thymian
4 getrocknete Tomaten in Öl
2 El Schmand
1 Frühlingszwiebel
12 gerollte Sardellen mit Kapern

Für 12 Stück · Einfach · Pro Stück ca. 44 kcal/184 kJ 5 g E, 12 g F, 6 g KH · Zubereitung: ca. 30 Min. (35 Min. Garen)

AVOCADOPLÄTZCHEN
mit Garnelenmousse

FÜR 12 STÜCK

FÜR DIE AVOCADOPLÄTZCHEN:
30 g Haselnüsse
1 Avocado
2 El Zitronensaft
1 Ei
55 g Mehl
Salz
Pfeffer

FÜR DIE GARNELENMOUSSE:
1 rote Chilischote
85 g küchenfertige Garnelen (ca. 5 Stück)
1 El saure Sahne
1 Tl Tomatenketchup
1 El Zitronensaft
1 Msp. Kreuzkümmel
1 Frühlingszwiebel

Den Backofen auf 160 °C (Umluft 140 °C) vorheizen. Die Haselnüsse im Mixbehälter **ca. 15 Sek./Stufe 9** zerkleinern. Die Avocado halbieren, den Kern entfernen und das Fruchtfleisch mit einem Löffel aus der Schale lösen. Fruchtfleisch mit Zitronensaft, Ei, Mehl, Salz und Pfeffer in den Mixbehälter zu den Haselnüssen geben und **ca. 20 Sek./Stufe 5** verrühren. Abschmecken, umfüllen und den Mixbehälter gründlich reinigen.

Ein Backblech mit Backpapier auslegen und mithilfe von 2 Teelöffeln das Püree in 12 kleinen Häufchen darauf verteilen. Etwa 10 Minuten backen. Danach die Plätzchen vom Blech heben und auf einem Kuchengitter auskühlen lassen.

Für die Garnelenmousse die Chilischote waschen, halbieren, entkernen, mit den Garnelen in den Mixbehälter geben und **ca. 35 Sek./Stufe 5-8** schrittweise ansteigend pürieren. Saure Sahne, Ketchup, Zitronensaft und Kreuzkümmel dazugeben und **ca. 20 Sek./Stufe 4** verrühren.

Die Garnelenmousse in einen Spritzbeutel geben und kleine Häubchen auf die Avocadoplätzchen spritzen. Zum Schluss die Frühlingszwiebel putzen, waschen, in feine Streifen schneiden und die Plätzchen damit dekorieren.

Für 12 Stück — Einfach — Pro Stück ca. 91 kcal/381 kJ, 4 g E, 7 g F, 4 g KH — Zubereitung: ca. 30 Min. (10 Min. Backen)

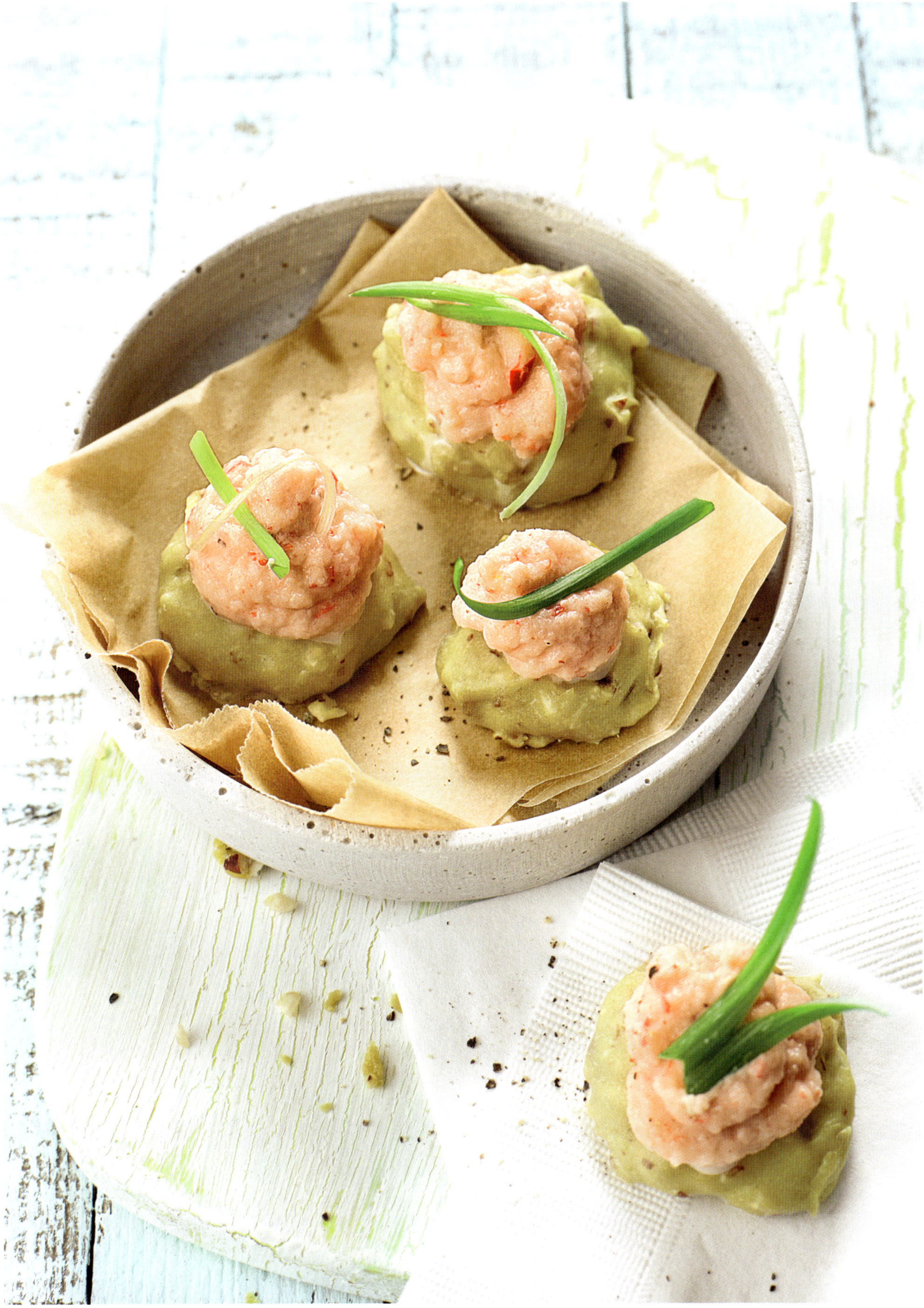

PIMIENTOS DE PADRÓN
mit Füllung

FÜR 8 STÜCK

8 Bratpaprika
 (Pimientos de Padrón)
1 Bund Schnittlauch
100 g geräuchertes Forellenfilet
100 g Frischkäse
1 Tl mittelscharfer Senf
Pfeffer
1 El Olivenöl
Meersalz

Die Bratpaprika waschen, den Stielansatz großzügig abschneiden und die Schoten entkernen. Den Schnittlauch waschen, trocken schütteln, im Mixbehälter **ca. 3 Sek./Turbo-Taste** fein zerkleinern und umfüllen.

Für die Füllung das Forellenfilet im Mixbehälter **ca. 10 Sek./Stufe 5** zerkleinern und mithilfe des Spatels nach unten schieben. Frischkäse, Senf, Pfeffer und Schnittlauch zugeben und **ca. 20 Sek./Stufe 4** verrühren. Abschmecken.

In einer Grillpfanne das Olivenöl erhitzen und die Schoten von allen Seiten kurz anbraten. Etwas abkühlen lassen und mithilfe eines kleinen Löffels die Bratpaprika mit der Forellencreme füllen. Zusammen mit etwas Meersalz in kleinen Gläschen servieren.

Variation

Die Füllung der Pimientos können Sie beliebig variieren, z. B. Thunfisch, Frischkäse, Guacamole, Tomatenwürfel, Zaziki mit Gurkenraspeln, oder Paprikaquark mit Kräutern.

Für 8 Stück · Einfach · Pro Stück ca. 75 kcal/314 kJ, 4 g E, 6 g F, 1 g KH · Zubereitung: ca. 15 Min.

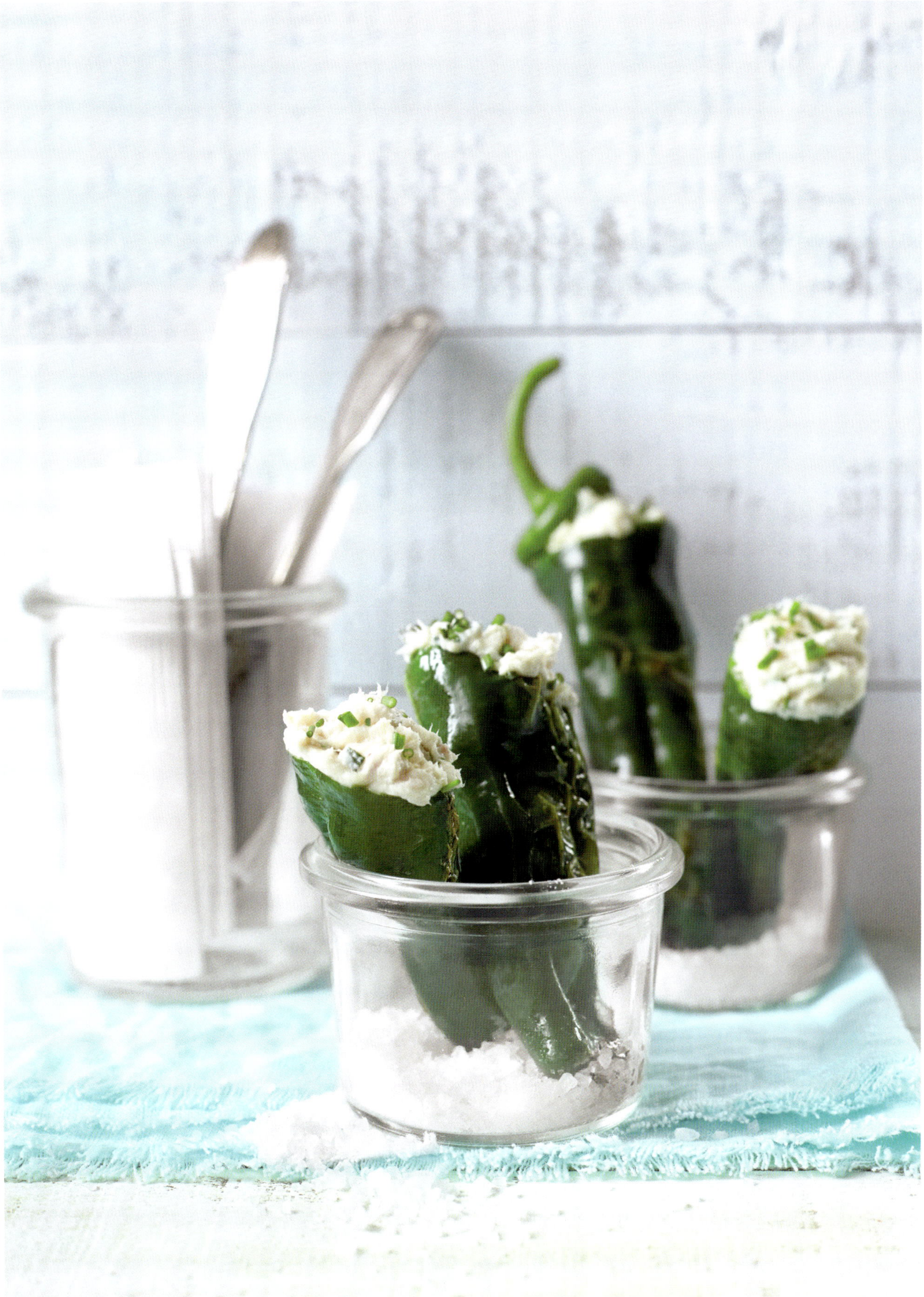

FISCHTERRINE
mit Garnelen

FÜR 4 PORTIONEN

600 g Fischfilet
Salz
Pfeffer
1 Eiweiß
200 ml Sahne
gehackte Schale von 1 unbehandelten Limette
1 El gehackte Kerbelblättchen
4 Kopfsalatblätter
4 gebratene Scheiben Serranoschinken
100 g gekochte Garnelen
Fett für die Form

Das Fischfilet waschen, grob würfeln, trocken tupfen und im Mixbehälter **ca. 15 Sek./Stufe 6** pürieren, dabei ggf. mithilfe des Spatels den Fisch nach unten schieben und erneut kurz pürieren. Salz, Pfeffer und Eiweiß zugeben und **ca. 20 Sek./Stufe 4** verrühren. Die Mischung für etwa 30 Minuten ins Tiefkühlfach stellen. Danach im Mixbehälter **ca. 50 Sek./Stufe 4** die Sahne unterrühren und alles erneut kalt stellen.

Eine Kastenform einfetten und mit Backpapier auslegen. Limettenschale und Kerbelblättchen unter die Fischcreme heben und alles in die Form füllen. Mit Backpapier abdecken und im Backofen im Wasserbad (70 °C Wassertemperatur) bei 140 °C (Umluft 120 °C) etwa 15 Minuten garen, dann ca. 30 Minuten abkühlen lassen und aus der Form stürzen.

Kopfsalatblätter waschen und trocknen. Den gebratenen Schinken in mundgerechte Stücke teilen. Fischterrine portionieren und auf den Salatblättern anrichten. Je 1 Garnele zusammen mit 1 Stück Schinken auf einem Spieß in die Fischcreme stecken.

Für 4 Portionen | Einfach | Pro Portion ca. 310 kcal/1298 kJ; 34 g E, 18 g F, 2 g KH | Zubereitung: ca. 30 Min. (30 Min. Kühlen, 15 Min. Garen, 30 Min. Abkühlen)

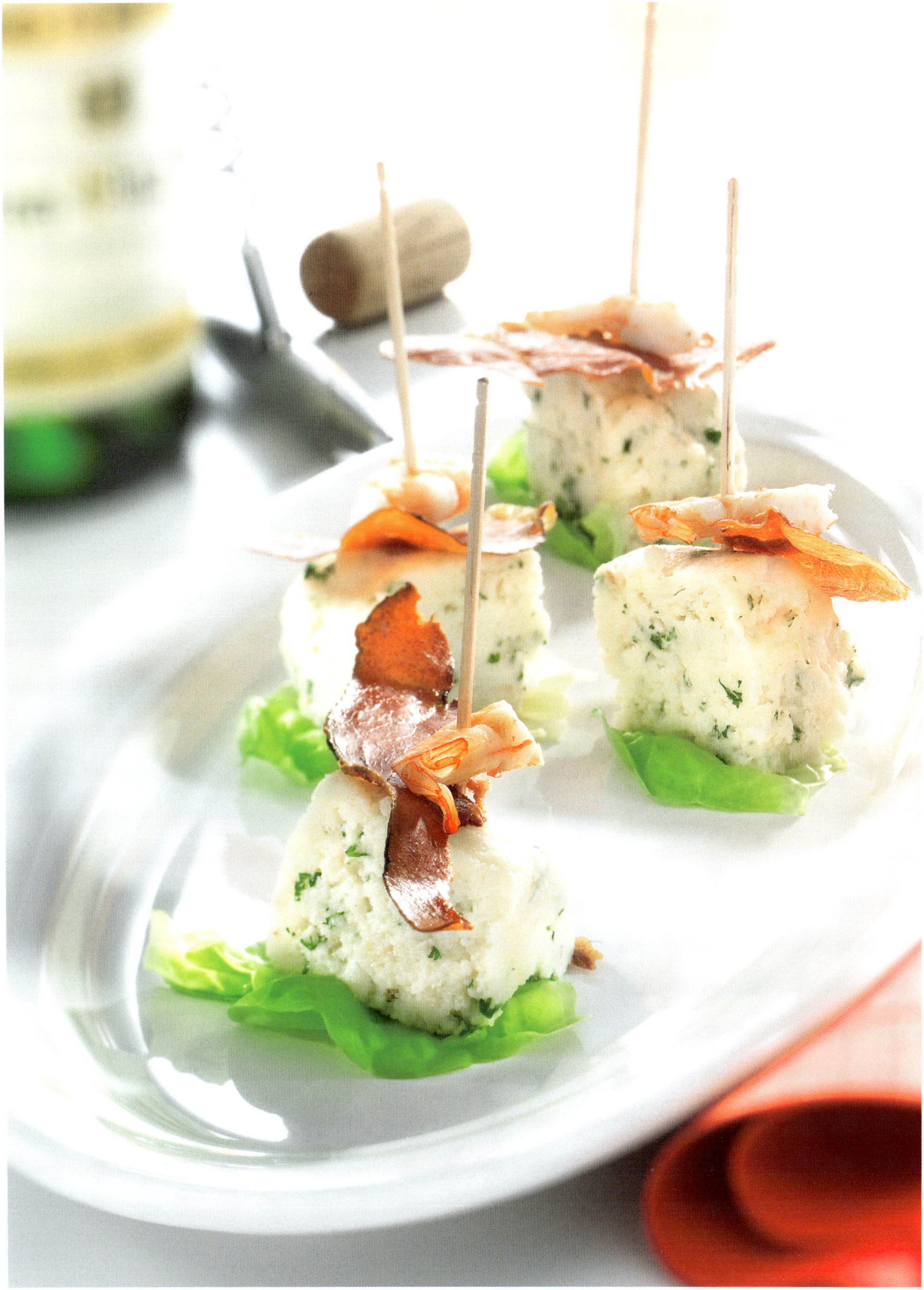

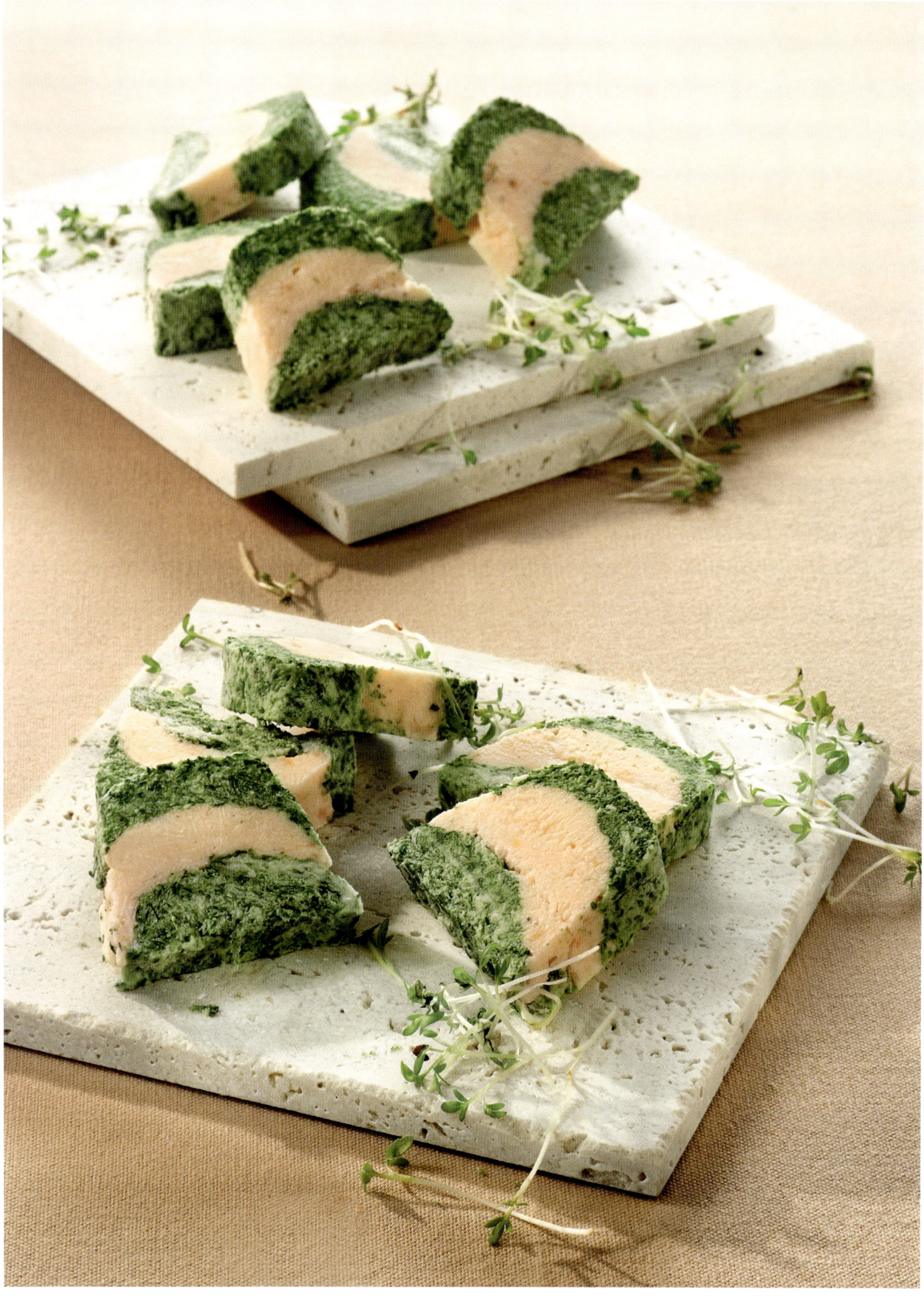

FISCH & MEERESFRÜCHTE

LACHS-PASTETE
mit Rucola

Den Räucherlachs grob würfeln, in den Mixbehälter geben, **ca. 15 Sek./Stufe 5** zerkleinern, ggf. den Lachs nach unten schieben und erneut kurz zerkleinern. Quark, Salz, Pfeffer und Limettensaft zugeben und **ca. 50 Sek./Stufe 4** unterrühren. Anschließend abschmecken. Die Lachscreme umfüllen und den Mixbehälter gründlich reinigen.

Gelatine einweichen. Rühraufsatz einsetzen, Sahne in den Mixbehälter geben und **ca. 2 Min./Stufe 3** bis zum Erreichen der gewünschten Festigkeit unter Beobachtung steif schlagen. Gelatine ausdrücken und in einem Topf im warmen Weißwein auflösen. Anschließend etwas Sahne zu der Gelatine rühren. Dann die Gelatine zu der steif geschlagenen Sahne geben und vorsichtig unterheben. Umfüllen und den Mixbehälter gründlich reinigen.

Rucola und Spinat waschen und trocken schütteln, mit dem Ricotta in den Mixbehälter geben und **ca. 35 Sek./Stufe 5-8** schrittweise ansteigend pürieren. Die Sahne-Gelatine zu gleichen Teilen zu der Lachs- und zu der Kräutercreme geben und alles etwa 30 Minuten kühl stellen.

Kräuter- und Lachscreme abwechselnd in eine mit Frischhaltefolie ausgelegte Kastenform geben. Folie verschließen, Pastete 4 Stunden kühl stellen, dann stürzen und in Scheiben schneiden. Mit Kresse garniert servieren.

FÜR 4 PORTIONEN

200 g Räucherlachs
100 g Quark
Salz
Pfeffer
2 El Limettensaft
4 Blatt weiße Gelatine
4 El warmer Weißwein
200 ml Sahne
1 Bund Rucola
200 g Spinat
100 g Ricotta
1 Kistchen Kresse

Für 4 Portionen | Einfach | Pro Portion ca. 290 kcal/1214 kJ 21 g E, 21 g F, 4 g KH | Zubereitung: ca. 30 Min. (4 Std. 30 Min. Kühlen)

GRÜNER SPARGEL
mit Zitronen-Hollandaise

FÜR 10 PORTIONEN

10 Stangen grüner Spargel
Salz
1 Prise Zucker
2 El Sesam

FÜR DIE ZITRONEN-
HOLLANDAISE:
3 Eigelb
2 Tl Marsala
2 El Zitronensaft
½ Tl abgeriebene Schale von
 1 unbehandelten Zitrone
Pfeffer
200 g Butter

AUSSERDEM:
10 kleine Gläser
1 Beet Senfkresse

Den Spargel im unteren Drittel schälen, die Spargelstangen halbieren und in den tiefen Dampfeinsatz legen. Mit Salz und Zucker bestreuen.

1 Liter Wasser in den Mixbehälter füllen, tiefen Dampfeinsatz mit dem Spargel und Kondensat-Auffang-Behälter einsetzen. Dampfgaraufsatz verschließen und den Spargel **ca. 10 Min./Dampfgar-Taste** dampfgaren.

Kondensat-Auffang-Behälter und Dampfeinsatz abnehmen und beiseitestellen. Sesam über den Spargel streuen.

Den Mixbehälter reinigen. Die Zutaten für die Hollandaise hineingeben und **ca. 7 Min./80 °C/Stufe 3** verrühren.

Die Hollandaise auf die Gläschen verteilen, jeweils zwei Spargelstücke hineinstecken und mit der Senfkresse bestreut servieren.

Für 10 Portionen | Einfach | Pro Portion ca. 196 kcal/821 kJ
2 g E, 20 g F, 1 g KH | Zubereitung: ca. 15 Min. (10 Min. Garen)

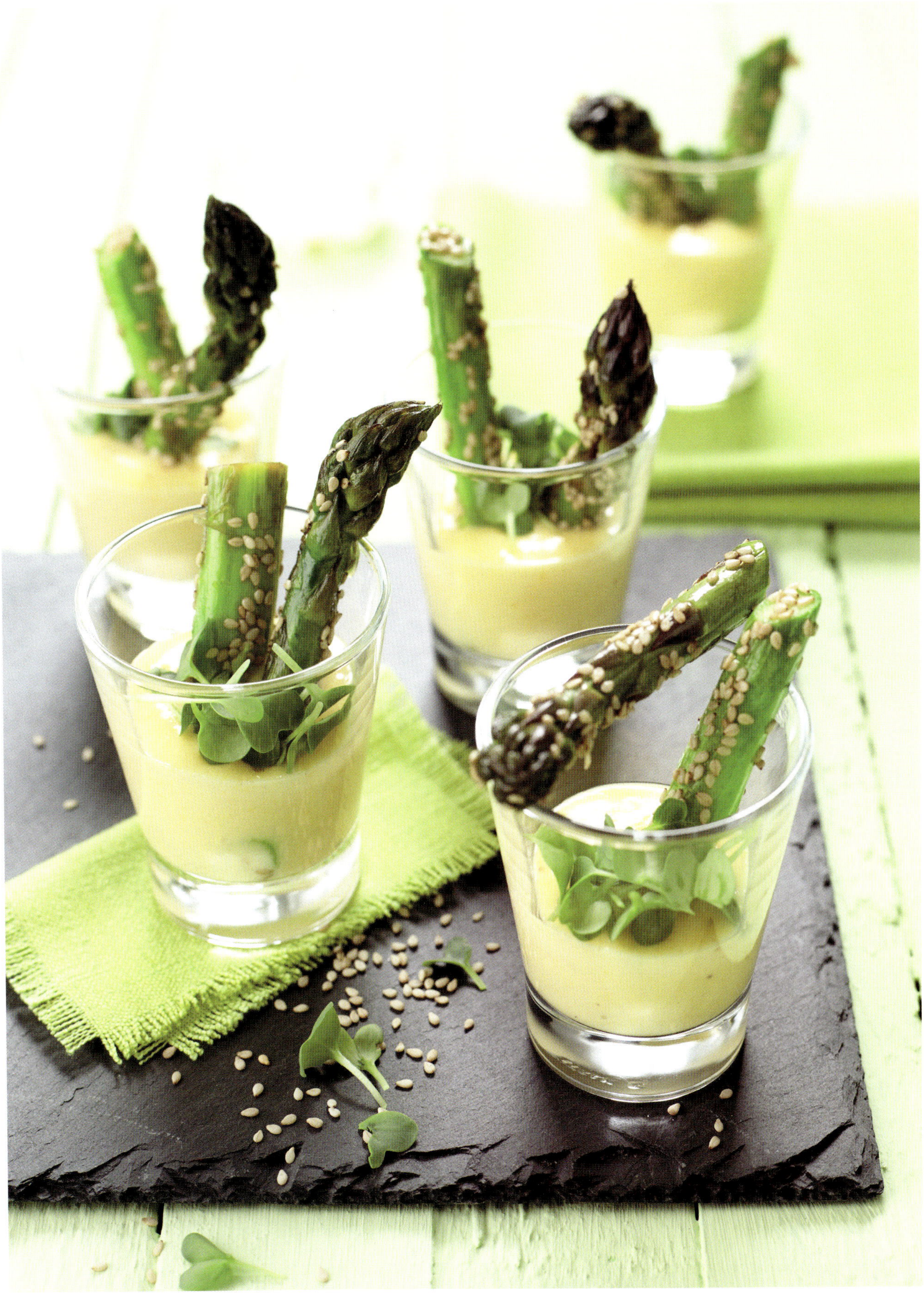

MINI-FRIKADELLEN
marokkanische Art

FÜR 7 STÜCK

FÜR DEN DIP:
2 Zweige Thymian
2 Zweige Minze
60 g Schafskäse
60 g Sojajoghurt
½ Tl Weißweinessig
Salz
Pfeffer

FÜR DIE FRIKADELLEN:
150 g Kichererbsen (vorgegart)
1 Knoblauchzehe
2 Frühlingszwiebeln
½ Bund glatte Petersilie
½ Bund Koriander
¼ Tl Salz
¼ Tl Kreuzkümmel
¼ Tl gemahlener Koriander
2 Tl Mehl
4 El Rapsöl
7 getrocknete Pflaumen

AUSSERDEM:
7 Holzspieße

Für den Dip die Kräuter waschen, trocken schütteln, die Blättchen von den Zweigen zupfen und im Mixbehälter **ca. 3 Sek./Turbo-Taste** fein zerkleinern. Schafskäse, Sojajoghurt, Essig, Salz und Pfeffer dazugeben und **ca. 15 Sek./Stufe 5** zu einem Dip vermengen. Umfüllen und abschmecken. Den Mixbehälter gründlich reinigen.

Für die Frikadellen die Kichererbsen in einem Sieb abtropfen lassen, die Knoblauchzehe schälen und halbieren, die Frühlingszwiebeln putzen und waschen. Eine Frühlingszwiebel grob teilen, die andere beiseitestellen. Die Kräuter waschen und trocken schütteln, die Blätter von den Zweigen zupfen. Alles mit Salz, Kreuzkümmel und Koriander in den Mixbehälter geben und **ca. 50 Sek./Stufe 4** schrittweise ansteigend pürieren. Das Mehl **ca. 20 Sek./Stufe 5** unterheben und aus der Masse 7 kleine Frikadellen formen.

Das Rapsöl in einer Pfanne erhitzen und die Frikadellen von beiden Seiten goldbraun braten. Aus der Pfanne heben und leicht abkühlen lassen.

Die zweite Frühlingszwiebel in etwa 5 cm lange Streifen schneiden, jeweils einen Streifen mit einer getrockneten Pflaume auf den Frikadellen verteilen und mit Holzspießen befestigen. Den Dip zu den Frikadellen-Pflaumen-Spießen servieren.

Für 7 Stück | Mittel | Pro Stück ca. 147 kcal/615 kJ 4 g E, 9 g F, 12 g KH | Zubereitung: ca. 40 Min.

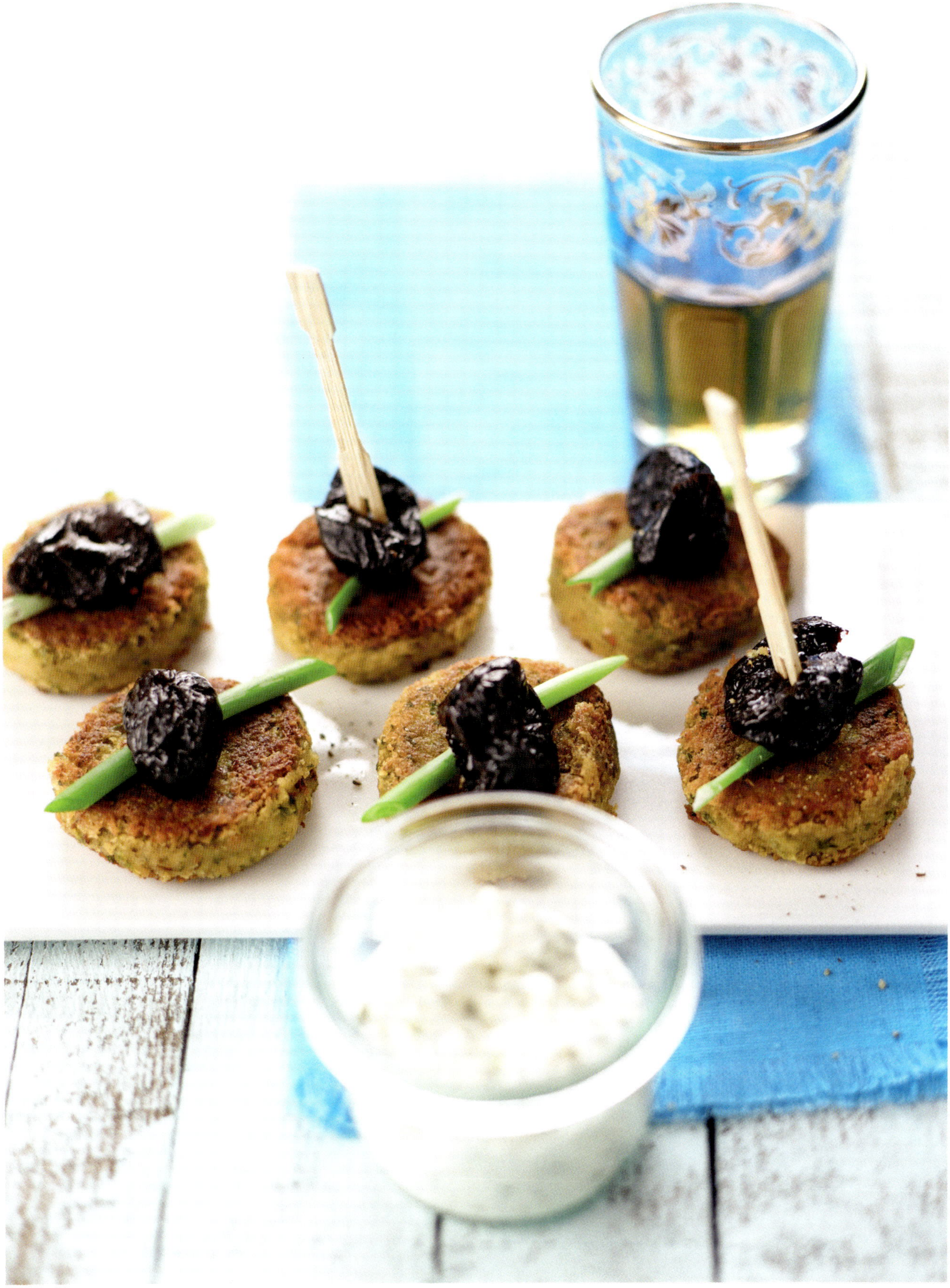

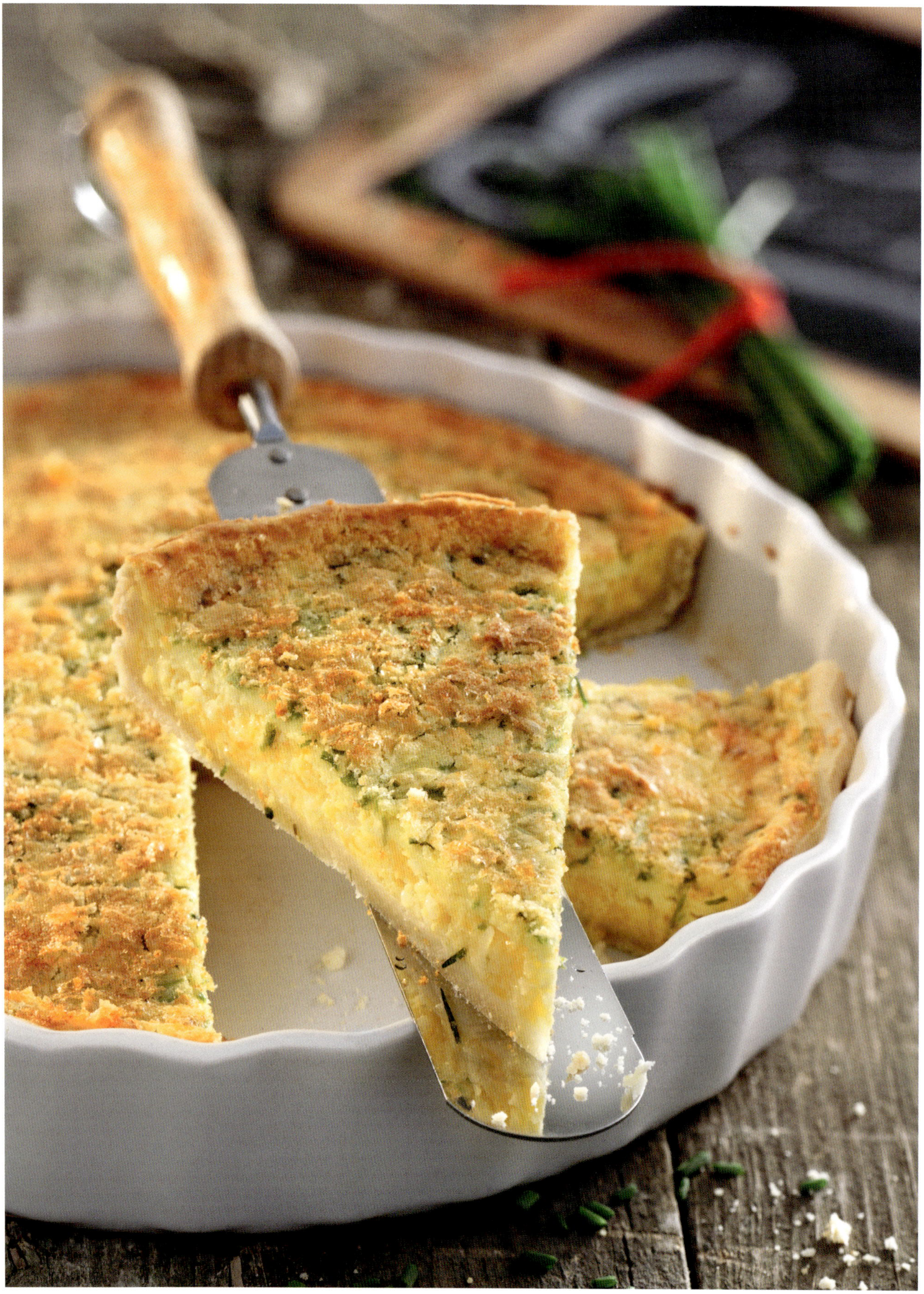

VEGETARISCH

QUICHE AU FROMAGE

Alle Teigzutaten in den Mixbehälter geben und **ca. 30 Sek./Teigknet-Taste** kneten. Teig in Folie wickeln und ca. 1 Stunde kühl stellen. Den Mixbehälter gründlich reinigen.

Den Backofen auf 200 °C (Umluft 180 °C) vorheizen. Eine Quicheform (26 cm Ø) mit Butter einfetten. Den Teig auf einer bemehlten Arbeitsplatte ausrollen und die Form damit auskleiden. Dabei einen kleinen Rand formen. Den Teig mit einer Gabel mehrfach einstechen und auf der zweiten Schiene von unten ca. 10 Minuten vorbacken. Herausnehmen und abkühlen lassen. Die Backofentemperatur auf 180 °C (Umluft 160 °C) herunterschalten.

Für die Füllung die beiden Käsesorten in den Mixbehälter geben und **ca. 15 Sek./Stufe 6** zerkleinern. Umfüllen und den Mixbehälter reinigen. Schnittlauch waschen, trocken tupfen und in Ringe schneiden. Die Sahne mit Milch und Eiern, Salz, Pfeffer und Muskat in den Mixbehälter geben und **ca. 40 Sek./Stufe 4** verrühren. Den Schnittlauch zusammen mit beiden Käsesorten dazugeben und **ca. 8 Sek./Stufe 3** unter die Eiersahne rühren.

Die Füllung auf den Teig gießen und die Quiche auf der mittleren Schiene ca. 30 Minuten fertig backen, bis der Guss gestockt ist. Dazu passt besonders gut ein frischer Salat.

FÜR 12 STÜCKE

FÜR DEN TEIG:
80 g Butter
200 g Mehl
100 g Schmand
1 Eigelb
½ Tl Salz

FÜR DIE FÜLLUNG:
100 g Greyerzer
100 g Cheddar
1 Bund Schnittlauch
150 ml Sahne
100 ml Milch
4 Eier
Salz
Pfeffer
Muskatnuss

AUSSERDEM:
Butter für die Form
Mehl für die Arbeitsplatte

Tipp
Bei dieser Quiche können sehr gut Käsereste aufgebraucht werden. Behalten Sie die Gesamtmenge bei. Ansonsten können Sie experimentieren.

Für 12 Stücke · Einfach · Pro Stück ca. 260 kcal/1110 kJ, 10 g E, 19 g F, 14 g KH · Zubereitung: ca. 20 Min. (1 Std. Kühlen, 40 Min. Backen)

KÄSEHÄPPCHEN
mit getrockneten Tomaten

FÜR 4 PORTIONEN

½ Bund Basilikum
8 getrocknete Tomaten in Öl
2 halbierte Scheiben geröstetes
 Weißbrot
100 g Kräuterfrischkäse
2 El Olivenöl
25 ml Milch
Salz
Pfeffer

Basilikum waschen, trocken schütteln, Blättchen von den Zweigen zupfen und diese im Mixbehälter **ca. 3 Sek./Turbo-Taste** zerkleinern. Umfüllen und den Mixbehälter reinigen.

Tomaten abtropfen lassen, im Mixbehälter **ca. 8 Sek./Stufe 6** zerkleinern und auf die gerösteten Brote legen. Den Mixbehälter gründlich reinigen. Käse, Öl, Milch, Salz und Pfeffer in den Mixbehälter geben, **ca. 20 Sek./Stufe 4** verrühren und abschmecken.

Die Käsecreme über die getrockneten Tomaten auf die Brote geben, diese unter dem heißen Grill etwa 4 Minuten überbacken, dann mit Basilikum garniert servieren.

Für 4 Portionen · Einfach · Pro Portion ca. 210 kcal/880 kJ 3 g E, 20 g F, 5 g KH · Zubereitung: ca. 20 Min.

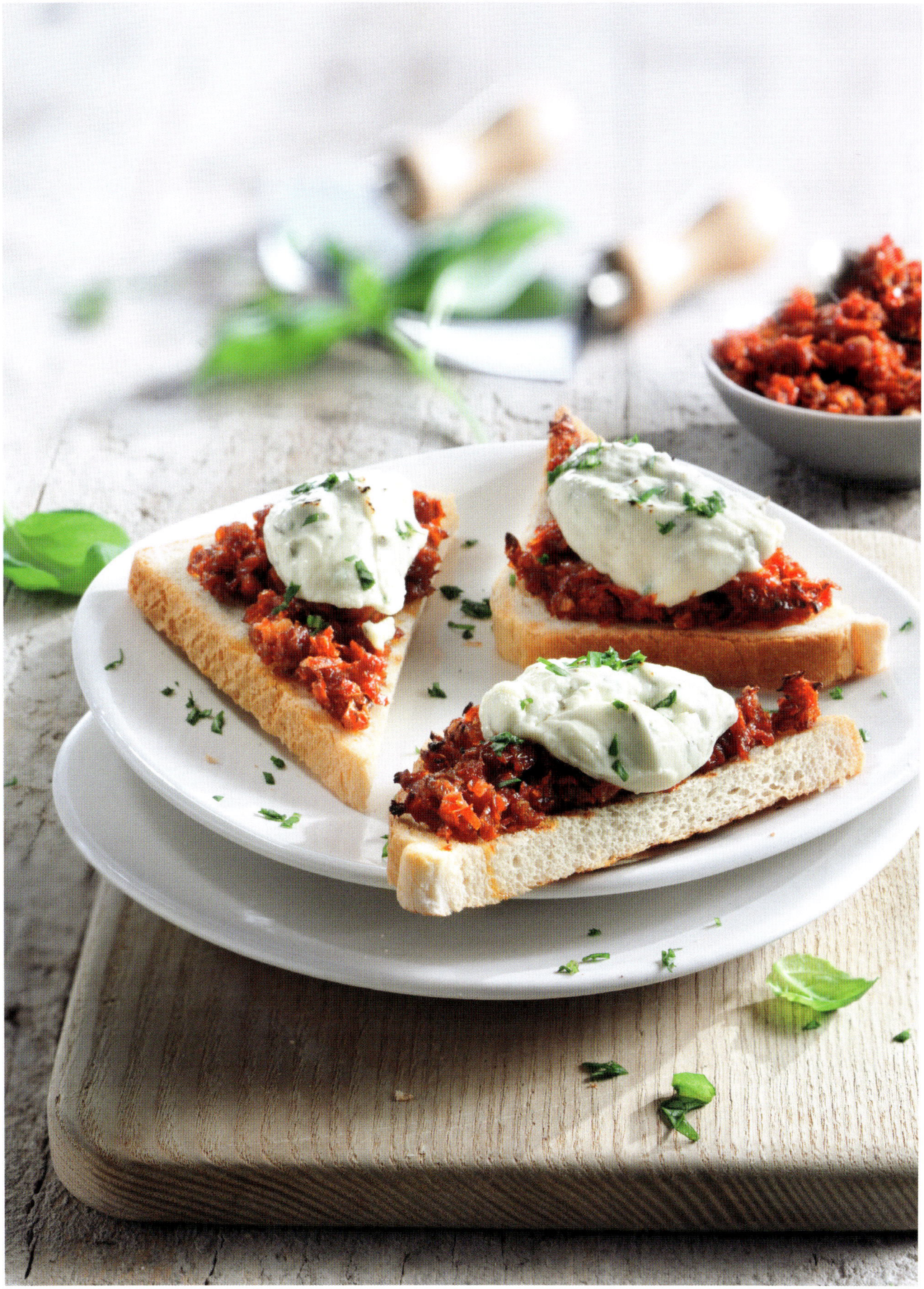

CRÊPERÖLLCHEN
mit Ziegenfrischkäse

FÜR 20 STÜCK

60 g Mehl
Salz
1 Ei
150 ml Milch
1 rote Paprikaschote
2 getrocknete Tomaten in Öl
100 g Ziegenfrischkäse
Pfeffer
2 El Radieschensprossen
30 g Butter

Das Mehl, ¼ Tl Salz, das Ei und die Milch in den Mixbehälter geben und **ca. 25 Sek./Stufe 4** zu einem glatten Teig verrühren. In eine Schüssel umfüllen und abgedeckt etwa 30 Minuten ruhen lassen. Den Mixbehälter gründlich reinigen.

Für die Füllung die Paprikaschote putzen, waschen, entkernen und vierteln. Die getrockneten Tomaten abtropfen lassen und mit der Paprika im Mixbehälter **ca. 3 Sek./Turbo-Taste** fein zerkleinern. Den Ziegenkäse, Salz und Pfeffer zugeben, **ca. 30 Sek./Stufe 4** verrühren und abschmecken. Zuletzt die Sprossen zugeben und **ca. 5 Sek./Stufe 2** unterrühren.

1 Tl Butter in einer Pfanne erhitzen und 1 Kelle Teig darin von jeder Seite etwa 1 Minute zu einem goldbraunen Crêpe backen. Herausnehmen, die restlichen 4 Crêpes ebenso backen.

Die Crêpes auf der Arbeitsfläche auf je 1 Stück Frischhaltefolie auslegen. Die Ziegenfrischkäse-Mischung darauf verteilen, die Crêpes mithilfe der Folie zusammenrollen und die Enden verdrehen. Für etwa 1 Stunde kühl stellen. Anschließend die Folie entfernen und die Crêpes in jeweils 4 Stücke schneiden.

Für 20 Stück | Einfach | Pro Stück ca. 55 kcal/230 kJ, 1 g E, 3 g F, 3 g KH | Zubereitung: ca. 25 Min. (30 Min. Ruhen, 1 Std. Kühlen)

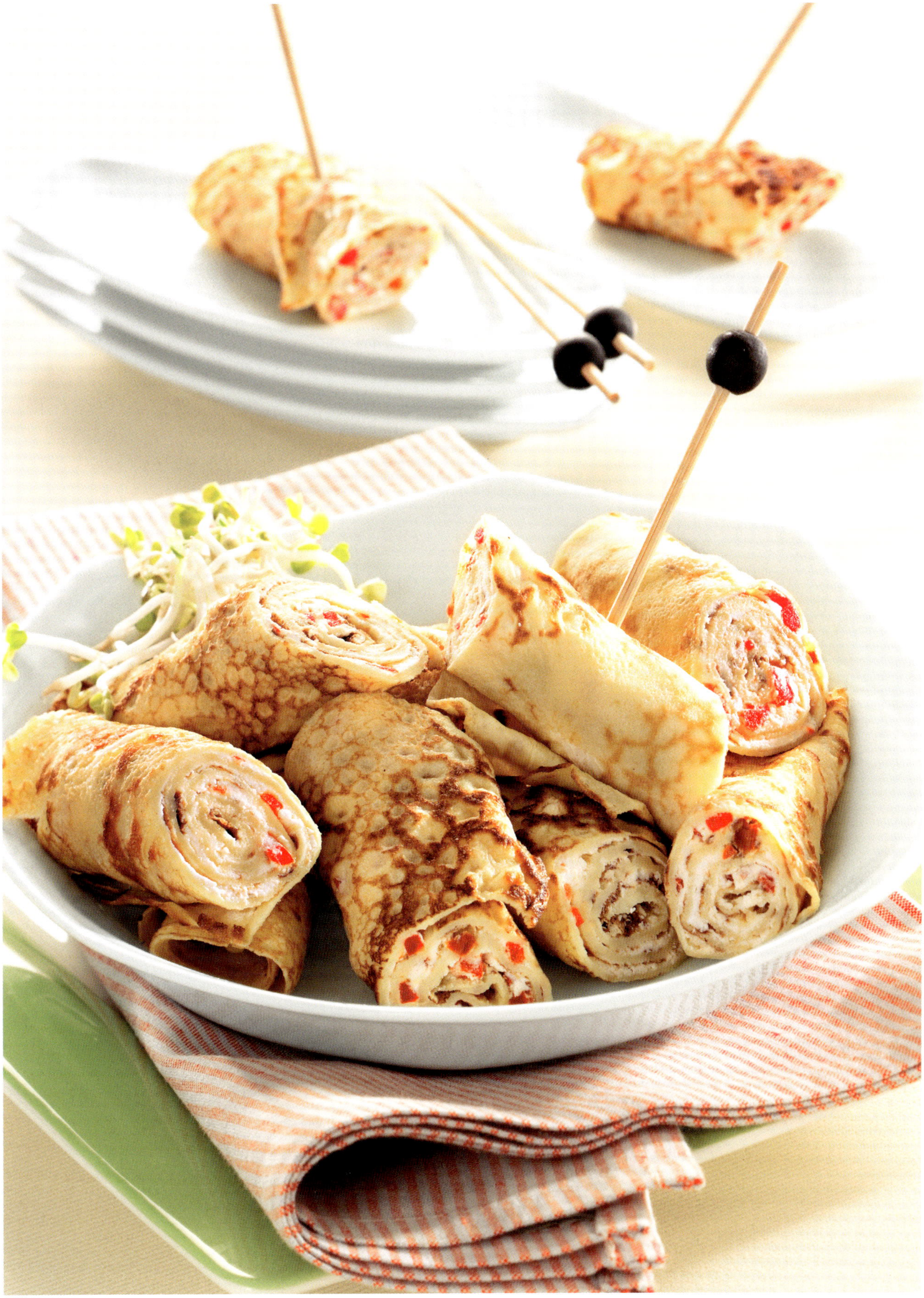

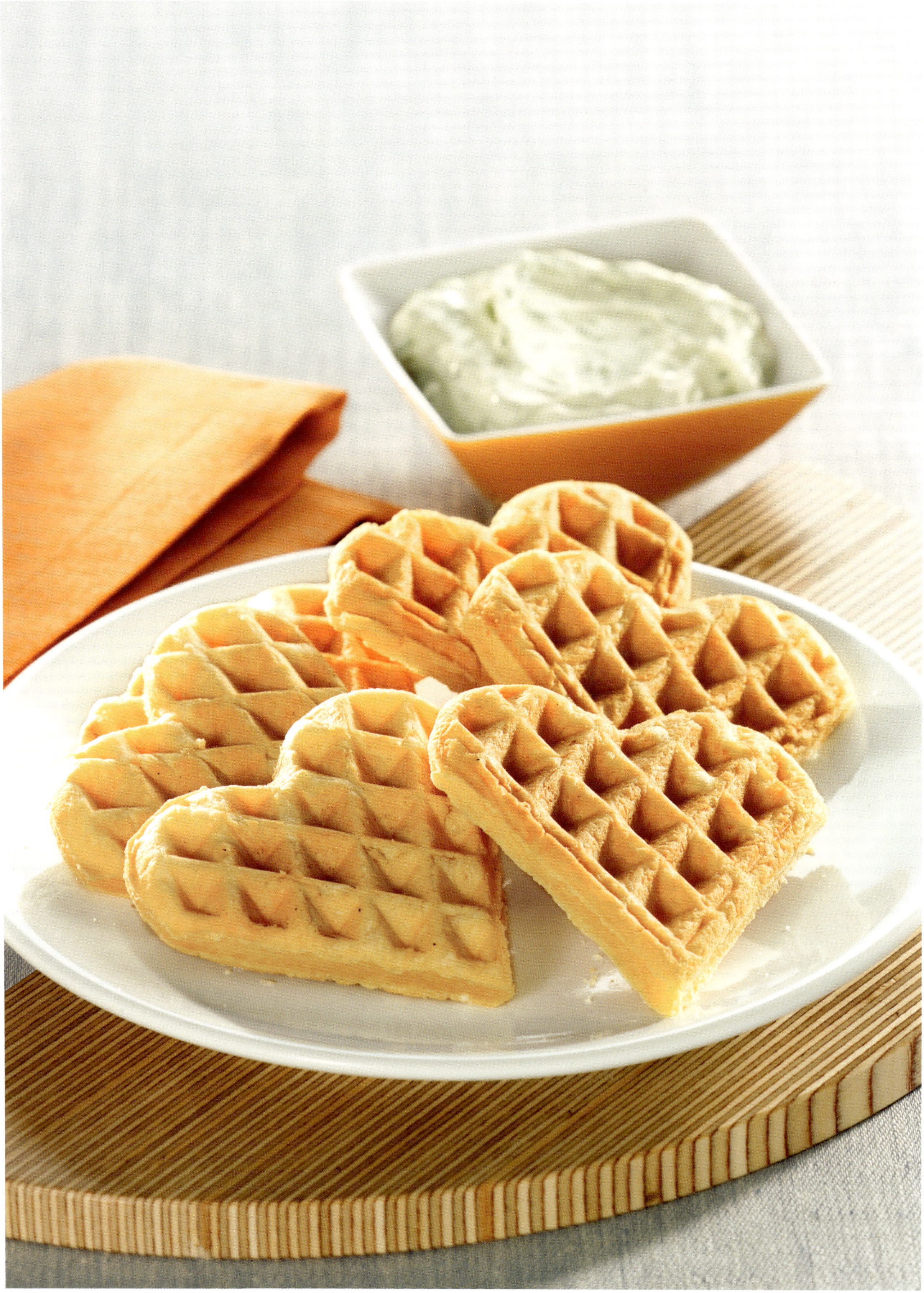

VEGETARISCH

Herzhafte
PARMESANWAFFELN

Parmesan grob würfeln, in den Mixbehälter geben und **ca. 15 Sek./Stufe 10** zerkleinern. Umfüllen und den Mixbehälter gründlich reinigen.

Die Eier trennen, Eigelb beiseitestellen und Eiweiß in den Mixbehälter geben. Rühraufsatz auf den Messereinsatz aufsetzen und das Eiweiß **ca. 4 Min./Stufe 4** steif schlagen. Den Rühraufsatz entfernen und den Eischnee in eine Schüssel umfüllen.

Butter, Eigelb und Milch in den Mixbehälter geben und **ca. 2 Min./Stufe 4** mischen. Mehl und Backpulver durch ein Sieb in den Mixbehälter sieben, geriebenen Parmesan, Pizzagewürz und Salz hinzufügen und alles **ca. 30 Sek./Stufe 4** unterrühren.

Teig mithilfe des Spatels zum Eischnee in die Schüssel geben und sanft unterrühren.

Ein Waffeleisen vorheizen und einfetten. Aus dem Teig goldgelbe Waffeln backen und mit Frischkäse oder Kräuterquark servieren.

FÜR 8 WAFFELN

100 g Parmesan
8 Eier
100 g Butter
250 ml Milch
200 g Weizenmehl
1 Tl Backpulver
1 Tl Pizzagewürz
1 Prise Salz
Fett für das Waffeleisen

CHAMPIGNONTARTE
mit Rosmarin

FÜR 12 STÜCKE

FÜR DEN TEIG:
30 g Parmesan
1 Zweig Rosmarin
125 g Butter
250 g Mehl
1 Ei
½ Tl Salz

FÜR GUSS UND BELAG:
70 g Parmesan
1 Zweig Rosmarin
400 g kleine Champignons
2 Knoblauchzehen
2 El Butterschmalz
Salz
Pfeffer
150 g Crème fraîche
100 ml Sahne
2 Eier
1 Eigelb

AUSSERDEM:
Butter für die Form
Mehl für die Arbeitsplatte

100 g Parmesan grob würfeln, in den Mixbehälter geben und **ca. 15 Sek./Stufe 10** zerkleinern. Umfüllen und den Mixbehälter gründlich reinigen.

Zwei Rosmarinzweige waschen, trocken tupfen und die Nadeln im Mixbehälter **ca. 3 Sek./Turbo-Taste** sehr fein zerkleinern. Die Hälfte für den Belag beiseitestellen, den Rest im Mixbehälter belassen.

Für den Teig die Butter, 30 g Parmesan, Mehl, Ei und Salz in den Mixbehälter zum Rosmarin geben und mit der **Teigknet-Taste** zu einem glatten Teig verkneten. In Folie wickeln und für ca. 1 Stunde im Kühlschrank ruhen lassen. Den Mixbehälter gründlich reinigen.

Den Backofen auf 200 °C (Umluft 180 °C) vorheizen. Eine Tarte-Form (28 cm Ø) mit Butter einfetten. Den Teig auf einer bemehlten Arbeitsplatte ausrollen und die Form damit auskleiden. Dabei einen kleinen Rand formen. Den Boden mehrfach mit einer Gabel einstechen und den Teig auf der unteren Schiene ca. 10 Minuten vorbacken. Herausnehmen und abkühlen lassen.

Für den Belag die Champignons feucht abreiben und putzen. Möglichst im Ganzen belassen, größere Exemplare halbieren. Knoblauch schälen und im Mixbehälter **ca. 3 Sek./Turbo-Taste** zerkleinern.

Das Butterschmalz in einer Pfanne hoch erhitzen und die Champignons von allen Seiten scharf anbraten. Die Hitze reduzieren, Knoblauch und restlichen Rosmarin dazugeben, alles salzen und pfeffern und dann vom Herd nehmen.

Die restlichen 70 g Parmesan mit Crème fraîche, Sahne, Eiern, Eigelb, Salz und Pfeffer in den Mixbehälter geben und **ca. 15 Sek./Stufe 4** verrühren. Die Champignons auf dem Tarte-Boden verteilen, die Eiersahne darübergießen und alles auf der mittleren Schiene ca. 40 Minuten backen.

Tipp

Aromatisch-mild schmeckt diese Tarte, die durch Rosmarin und Parmesan eine mediterrane Note erhält.

SCHOKOKUCHEN IM GLAS
mit Blaubeeren

FÜR 10 STÜCK

30 g Zartbitter-Schokolade
70 g Zucker
60 g Butter
2 Eier
1 P. Vanillezucker
25 ml Milch
Salz
70 g Mehl
25 g Kakaopulver
1 Tl Backpulver
170 g Blaubeeren
Butter zum Einfetten
1 El Puderzucker

AUSSERDEM:
10 kleine Weck-Gläschen à 120 ml

Zartbitter-Schokolade grob zerteilen, in den Mixbehälter geben und **ca. 8 Sek./Stufe 7** grob zerkleinern. Anschließend herausnehmen und beiseitestellen.

Den Backofen auf 180 °C (Umluft 160 °C) vorheizen. Zucker, Butter, Eier, Vanillezucker, Milch und 1 Prise Salz im Mixbehälter **ca. 1 Min./ 37 °C/Stufe 3** verrühren.

Mehl, Kakaopulver, Backpulver und zerkleinerte Schokolade zugeben und **ca. 30 Sek./Stufe 5** unterrühren.

Die Weck-Gläschen mit etwas Butter im unteren Drittel einfetten und je 1 ½ Esslöffel des Teiges hineingeben. Auf mittlerer Schiene im Backofen ca. 17 Minuten backen lassen.

Auf einem Gitter die Kuchengläschen auskühlen lassen. Anschließend die Gläser mit Blaubeeren füllen und mit Puderzucker bestäuben.

Für 10 Stück   Einfach   Pro Stück ca. 149 kcal/624 kJ 3 g E, 8 g F, 16 g KH   Zubereitung: ca. 15 Min. (20 Min. Backen)

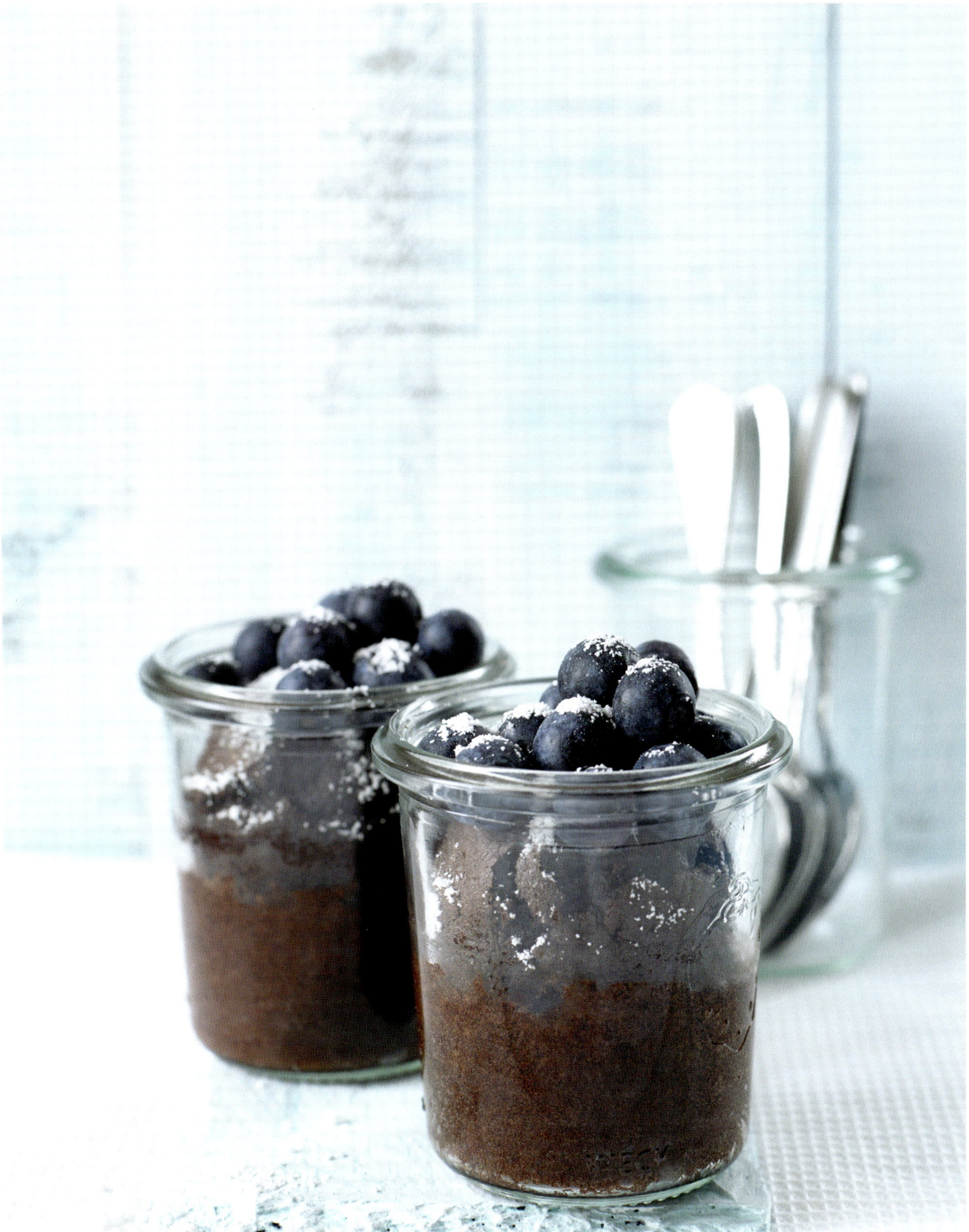

WAFFELHÖRNCHEN
mit Mousse au Chocolat

FÜR 8 STÜCK

130 g herbe Schokolade mit 70% Kakaoanteil
3 Eigelbe
30 g Rohrzucker
20 g Kakaopulver
10 ml Orangenlikör
350 ml Sahne

AUSSERDEM:
8 Eistüten

30 g Schokolade in den Mixbehälter geben und **ca. 4 Sek./Turbo-Taste** grob zerkleinern. Anschließend herausnehmen und beiseitestellen.

Restliche Schokolade grob zerteilen und im Mixbehälter **ca. 20 Sek./Stufe 8** zerkleinern. Eigelbe, Zucker, Kakaopulver und Orangenlikör dazugeben und **ca. 8 Min./50 °C/Stufe 3** verrühren. Die Masse in eine Schüssel umfüllen, den Mixbehälter gründlich reinigen und abkühlen lassen.

Sahne in den kalten Mixbehälter geben. Rühraufsatz einsetzen und **ca. 2 Min./Stufe 3** unter Beobachtung bis zum Erreichen der gewünschten Festigkeit steif schlagen.

Die Sahne und die grob zerkleinerte Schokolade mithilfe eines Schneebesens unter die Mousse heben und diese im Kühlschrank mindestens 4 Stunden kühl stellen.

Die Mousse au Chocolat aus dem Kühlschrank nehmen, mit einem Eiskugelformer je eine Kugel abstechen, in Eistüten füllen und servieren.

Für 8 Stück | Einfach | Pro Stück ca. 261 kcal/1093 kJ 6 g E, 19 g F, 18 g KH | Zubereitung: ca. 30 Min. (4 Std. Kühlen)

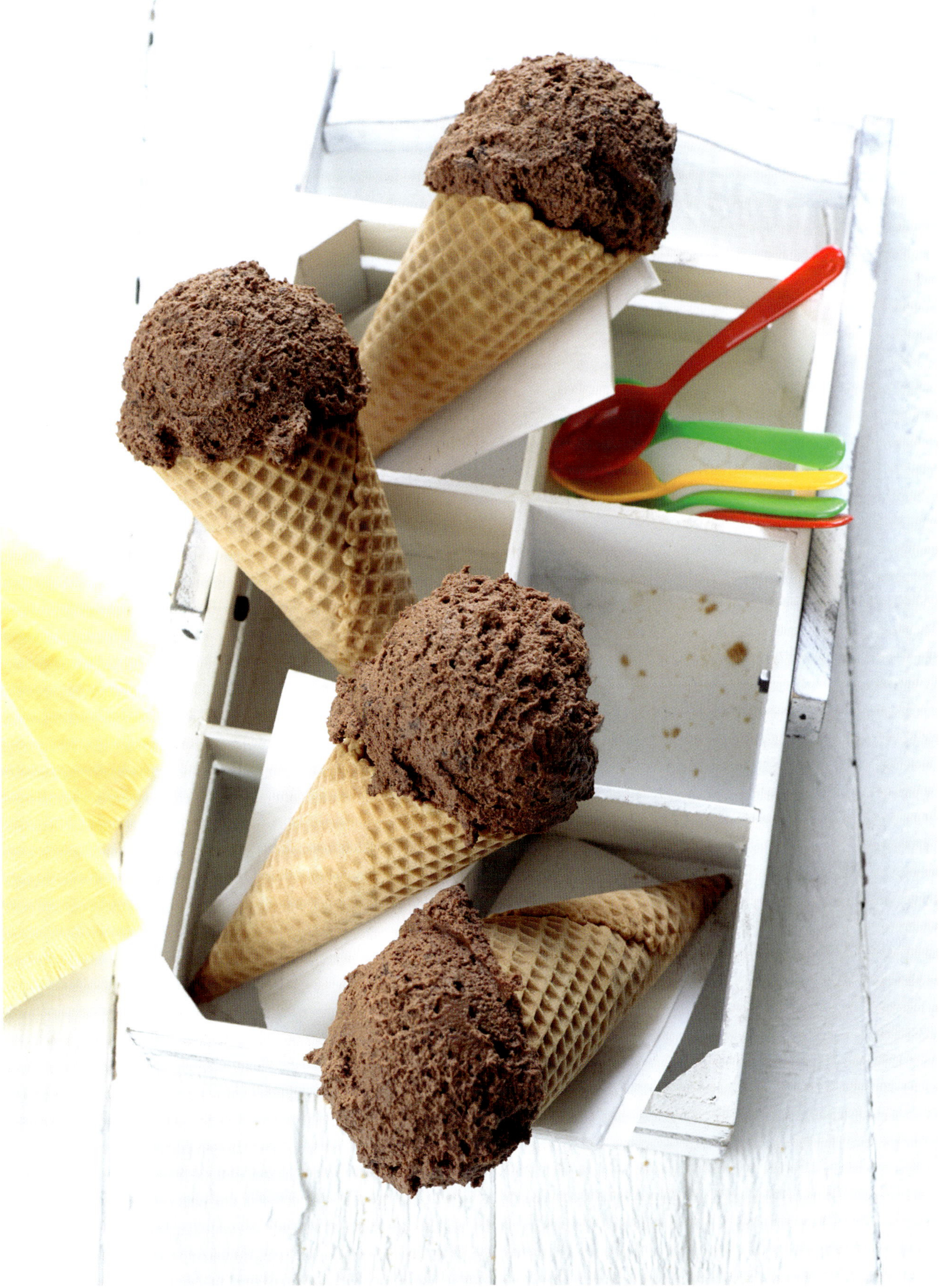

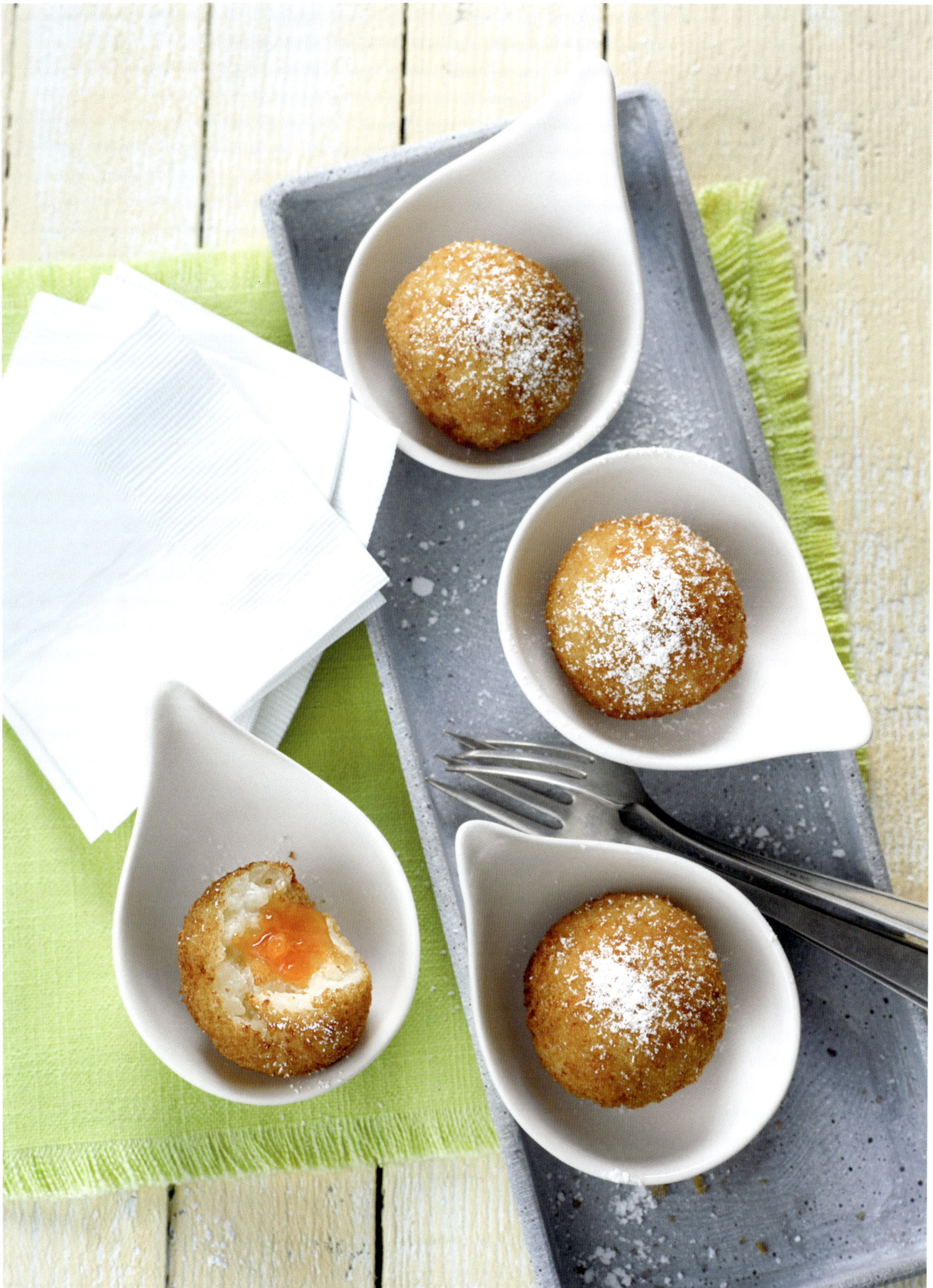

REISBÄLLCHEN
mit Marillenfüllung

Milch, Zucker und Salz in den Mixbehälter geben und **ca. 8 Min./ 100 °C/Stufe 1** erwärmen. Milchreis zugeben und **ca. 35 Min./90 °C/ Stufe 1/Linkslauf** ohne aufgesetzten Messbecher ausquellen lassen, sodass der Reis gar, aber noch bissfest ist.

Das Marzipan fein würfeln und gut mit der Marillenkonfitüre verrühren. Nun den Milchreis leicht auskühlen lassen und mit feuchten Händen je 35 g Reis zu kleinen Bällchen formen. Mit dem Daumen ein Loch in die Mitte stechen und die Marillen-Marzipan-Füllung einfüllen. Die Öffnung mit dem Reis verschließen, sodass die Konfitüre gut eingeschlossen ist.

Das Sonnenblumenöl in einem kleinen Topf oder in einer Fritteuse auf ca. 160 °C erhitzen. Die Bällchen in Semmelbröseln wälzen und im heißen Öl ca. 3 Minuten goldbraun backen. Herausheben und auf Küchenpapier abtropfen lassen. Mit Puderzucker bestäuben und servieren.

FÜR 6 STÜCK

250 ml Milch
1 El Zucker
1 Prise Salz
90 g Milchreis
15 g Marzipanrohmasse
2 Tl Marillenkonfitüre (Aprikosenkonfitüre)
2 El Semmelbrösel
2 Tl Puderzucker
Sonnenblumenöl zum Frittieren

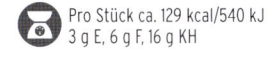

CRÊPES-ROLLS
mit Himbeercreme

FÜR 12 STÜCK

50 g Pistazien
60 ml Milch
50 ml Buttermilch
1 Ei (Größe L)
1 P. Vanillezucker
1 Prise Salz
70 g Mehl
1 El Sonnenblumenöl
100 g Rohrzucker
150 g frisch geputzte Himbeeren
130 g Mascarpone
abgeriebene Schale von
 1 unbehandelten Limette

AUSSERDEM:
12 kleine Holzspieße

Die Pistazien **ca. 3 Sek./Turbo-Taste** im Mixbehälter grob zerkleinern und beiseitestellen. Den Mixbehälter reinigen.

Milch, Buttermilch, Ei, Vanillezucker, Salz und Mehl in den Mixbehälter geben und **ca. 25 Sek./Stufe 4** zu einer klümpchenfreien Masse verrühren.

Eine Crêpespfanne oder eine ähnlich flache und große Pfanne mit etwas Sonnenblumenöl erhitzen. Nacheinander zwei Crêpes backen und auf einem Teller auskühlen lassen. In einer weiteren Pfanne den Rohrzucker schmelzen lassen, die zerkleinerten Pistazien unter den Zucker rühren. Sofort den Pistazienzucker auf ein Stück Backpapier streichen und ebenfalls abkühlen lassen.

Den Mixbehälter gründlich reinigen. 25 g der Himbeeren zur Seite legen, die restlichen mit dem Mascarpone und der Limettenschale in den Mixbehälter geben und **ca. 20 Sek./Stufe 3** verrühren. Die Crêpes mit der Creme bestreichen, aufrollen und in je 6 Röllchen scheiden. Diese mit Holzspießen fixieren.

Den ausgekühlten Pistazienkrokant in grobe Stücke zerbrechen und mit je einer Crêpes-Rolle in kleinen Schälchen oder Tellern anrichten. Mit den zur Seite gelegten Himbeeren dekorieren.

Für 12 Stück | Mittel | Pro Stück ca. 141 kcal/590 kJ 3 g E, 7 g F, 15 g KH | Zubereitung: ca. 40 Min.

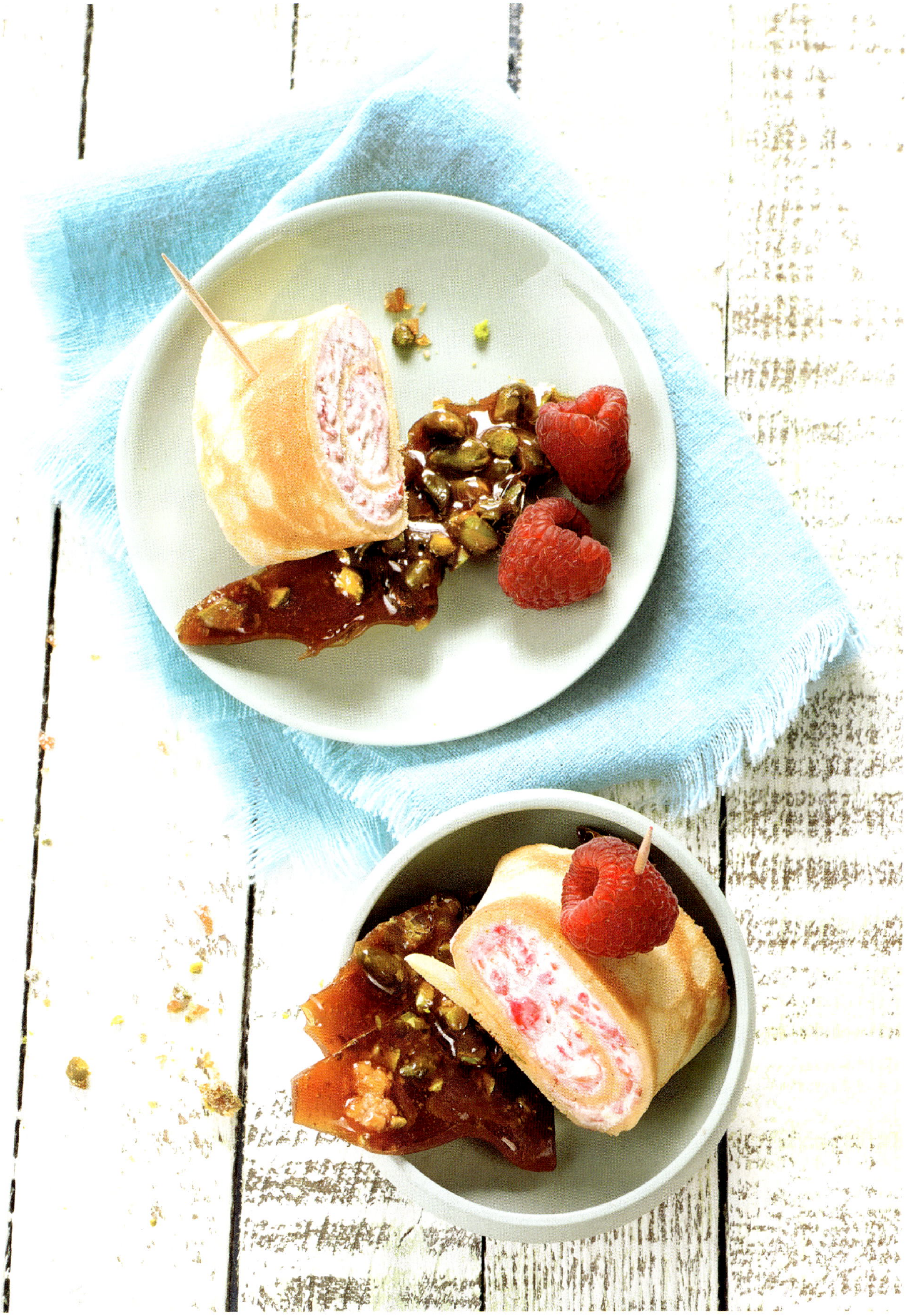

KÄSEKÜCHLEIN
mit Birnentopping

FÜR 24 STÜCK

1 Ei
125 g Magerquark
Salz
70 g Rohrzucker
40 g Butter
125 g Vollfettquark
1 Tl Backpulver
2 El Grieß
40 g Mehl
1 El Zitronensaft
abgeriebene Schale von
½ unbehandelten Zitrone
etwas Butter zum Einfetten

FÜR DAS TOPPING:
1 Birne
2 El Zitronensaft
2 El Orangenlikör

AUSSERDEM:
1 Mini-Muffinbackform

Den Backofen auf 200 °C (Umluft 180 °C) vorheizen. Das Ei trennen und das Eigelb beiseitestellen. Das Eiweiß mit 1 Prise Salz und etwas Zucker in den Mixbehälter geben, den Rühraufsatz einsetzen und **ca. 4 Min./Stufe 4** steif schlagen. Umfüllen und den Mixbehälter gründlich reinigen.

Butter in den Mixbehälter geben und **ca. 1 Min./37 °C/Stufe 2** zerlassen. Die restlichen Zutaten zu der Butter in den Mixbehälter geben und **ca. 40 Sek./Stufe 3** zu einer homogenen Masse verrühren. Dann den Eischnee leicht unter die Quarkmasse heben.

Die Mulden der Mini-Muffinbackform mit etwas Butter einfetten und mit dem Teig füllen. Etwa 15 Minuten im Ofen backen.

Währenddessen die Birne waschen, vierteln, entkernen und in schmale Spalten hobeln. Mit Zitronensaft beträufeln und in Orangenlikör marinieren. Die fertig gebackenen Küchlein auskühlen lassen und mit den Birnenspalten dekorativ garnieren.

Für 24 Stück | Einfach | Pro Stück ca. 55 kcal/230 kJ 2 g E, 2 g F, 6 g KH | Zubereitung: ca. 20 Min. (15 Min. Backen)

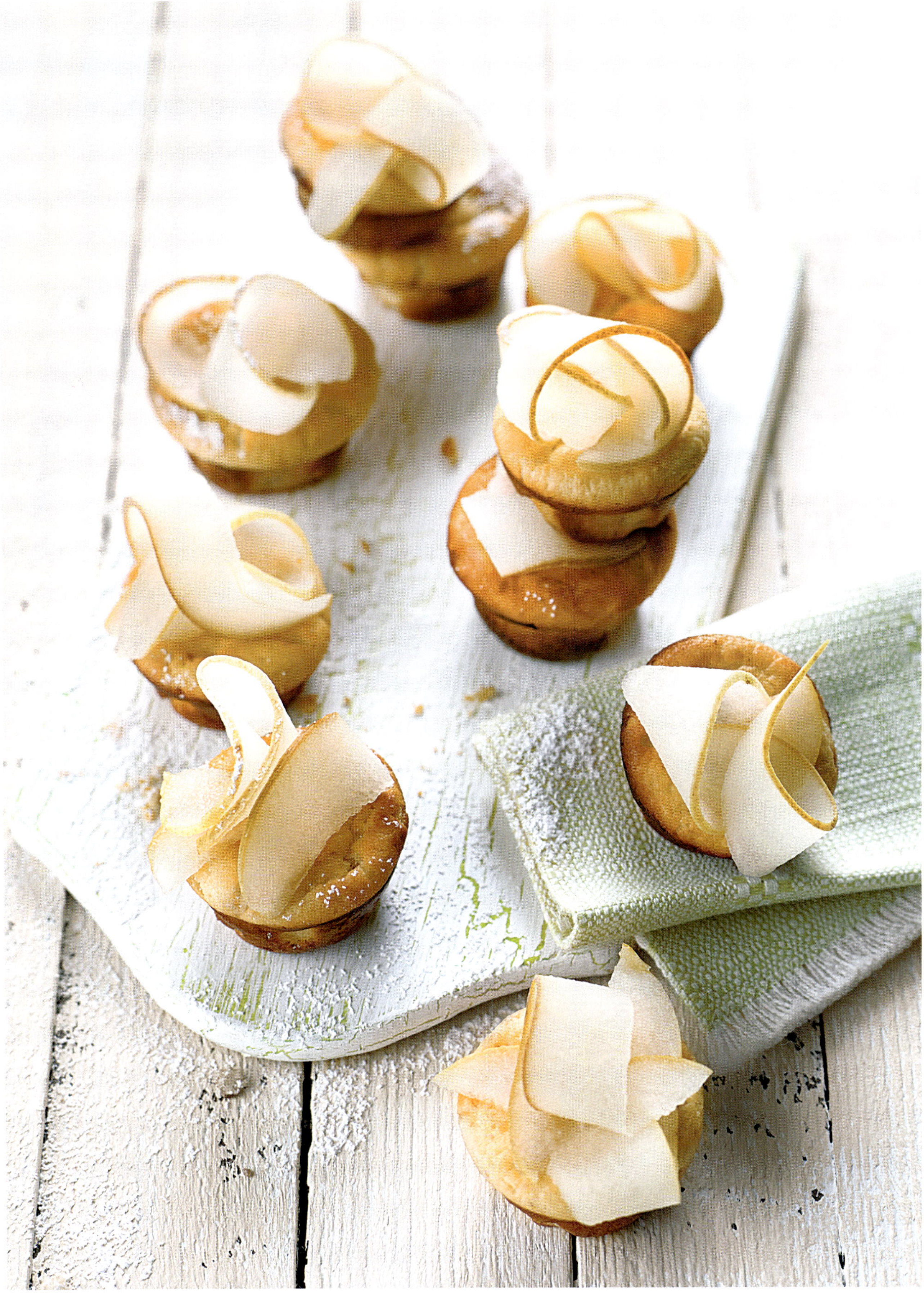

PANNA COTTA
mit Waldbeeren

FÜR 9 STÜCK

2 Blatt Gelatine
200 ml Sahne
3 El Rohrzucker
3 Zweige Zitronenthymian
20 ml Mandellikör
abgeriebene Schale von
 ½ unbehandelten Zitrone
135 g Blaubeeren
300 g Waldbeeren (Himbeeren,
 Brombeeren, Johannisbeeren)

AUSSERDEM:
9 Weck-Gläschen à 80 ml

Die Gelatine in kaltem Wasser einweichen und quellen lassen. Währenddessen Sahne und Zucker in den Mixbehälter geben und **ca. 10 Min./90 °C/Stufe 2** ohne Messbecher köcheln lassen.

Den Zitronenthymian waschen, trocken schütteln und die Blättchen abzupfen. Mandellikör, Thymianblättchen und Zitronenabrieb zur Sahne in den Mixbehälter geben und **ca. 2 Min./100 °C/Stufe 2** aufkochen. Mixbehälter aus dem Gerät nehmen, etwas abkühlen lassen, dann den Mixbehälter wieder einsetzen, die abgetropfte Gelatine zugeben und **ca. 30 Sek./Stufe 2** auflösen.

Die gewaschenen Blaubeeren gleichmäßig auf die Gläschen verteilen, mit der noch warmen Panna Cotta auffüllen und im Kühlschrank für ca. 3 Stunden kühl stellen, damit die Sahne fest werden kann.

Den Mixbehälter gründlich reinigen, 260 g der gemischten Waldbeeren in den Mixbehälter geben, **ca. 10 Sek./Stufe 5** pürieren, auf der Panna Cotta verteilen und mit den restlichen Waldbeeren garnieren.

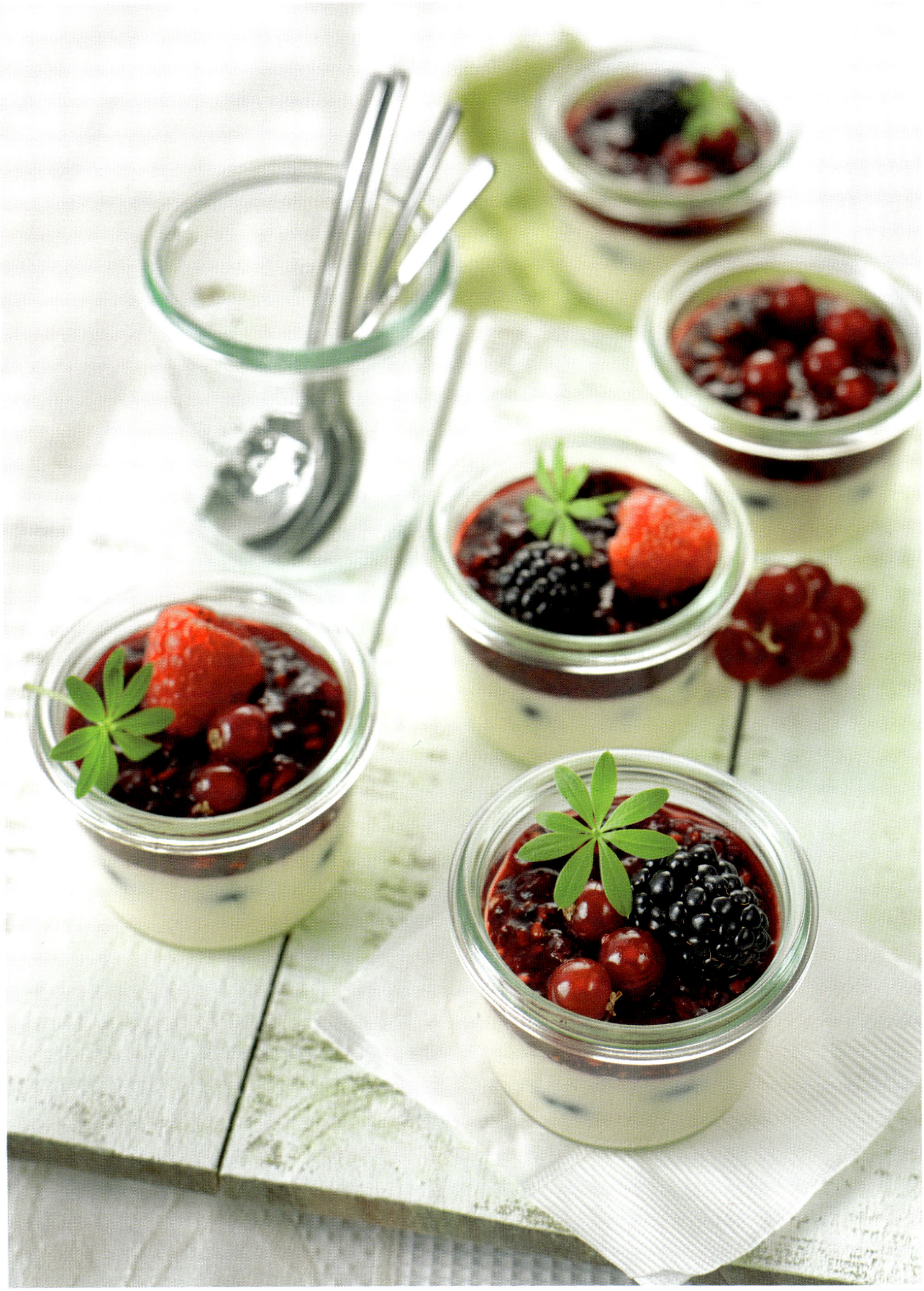

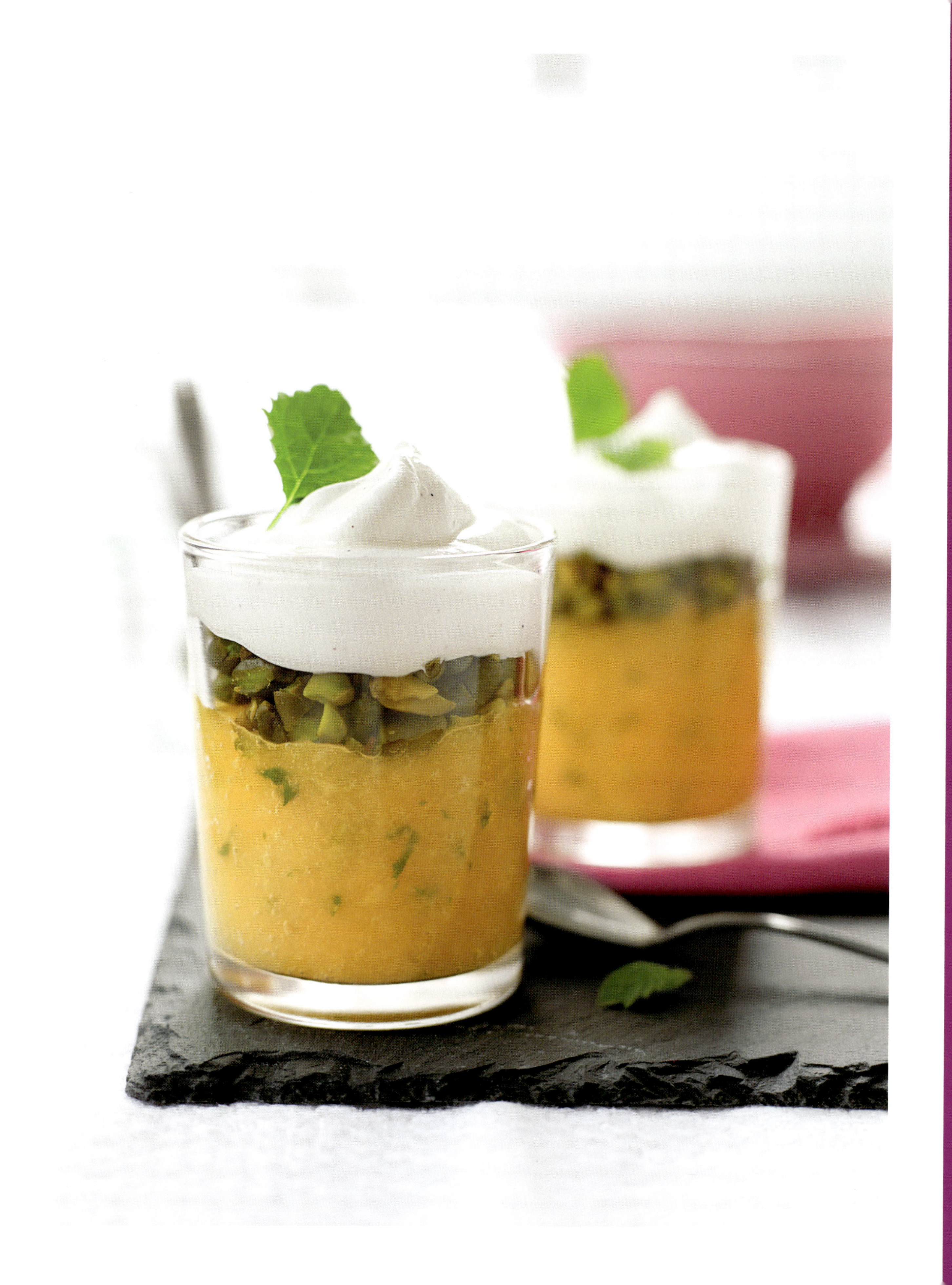

MANGOPÜREE
mit Pistazien & Vanillecreme

Die Pistazien **ca. 3 Sek./Turbo-Taste** im Mixbehälter grob zerkleinern und in einer Pfanne ohne Öl leicht anrösten, bis sie anfangen zu duften. Aus der Pfanne nehmen und abkühlen lassen.

Die Mangos schälen und das Fruchtfleisch vom Kern lösen. Die Melisse waschen, trocken schütteln und die Blättchen von den Stielen zupfen. Anschließend 8 Melisseblätter zur Dekoration beiseitelegen und die restlichen Blätter mit dem Fruchtfleisch im Mixbehälter **ca. 8 Sek./ Stufe 6** pürieren. Umfüllen und den Mixbehälter gründlich reinigen.

Für die Vanillecreme die Vanilleschote aufschlitzen, das Mark herauskratzen und mit dem Vanillezucker und der Sahne in den Mixbehälter geben. Rühraufsatz einsetzen und **ca. 2 Min./Stufe 3** unter Beobachtung bis zum Erreichen der gewünschten Festigkeit cremig aufschlagen.

Den Cointreau unter den Joghurt rühren und die Sahne unterheben. Zuerst das Mangopüree gleichmäßig auf die Gläser verteilen, als zweite Schicht die Pistazien darauf geben und mit der Vanillecreme abschließen. Mit den beiseitegelegten Melisseblättern dekorieren.

FÜR 8 GLÄSER

70 g Pistazien
2 Mangos à 250 g
8 Zweige Zitronenmelisse
1 Vanilleschote
1 P. Vanillezucker
100 ml Sahne
4 Tl Cointreau
100 g Joghurt

AUSSERDEM:
8 kleine Gläser

Für 8 Gläser · Einfach · Pro Glas ca. 116 kcal/486 kJ 3 g E, 9 g F, 7 g KH · Zubereitung: ca. 15 Min.

FRUCHTSPIESSE
mit Milchreis

FÜR 4 PORTIONEN

1 l Milch
50 g Zucker
1 Tl Vanillemark
1 Prise Salz
220 g Milchreis
Zimt
Früchte nach Belieben

Milch, Zucker, Vanillemark und Salz in den Mixbehälter geben und ca. **8 Min./100 °C/Stufe 1** erwärmen.

Milchreis zugeben und ca. **40 Min./90 °C/Stufe 1/Linkslauf** ohne aufgesetzten Messbecher ausquellen lassen.

Milchreis sofort in Portionsschalen füllen und abkühlen lassen. Zum Servieren mit Zimt bestreuen.

Die Früchte waschen, putzen und je nach Sorte schälen, entkernen und halbieren. Auf Spieße stecken und mit dem Milchreis servieren.

Tipp

Sollte der Reis zu fest werden, erneut leicht erwärmen und Milch zugeben.

Für 4 Portionen | Einfach | Pro Portion ca. 450 kcal/1870 kJ, 14 g E, 10 g F, 74 g KH | Zubereitung: ca. 15 Min. (50 Min. Garen)

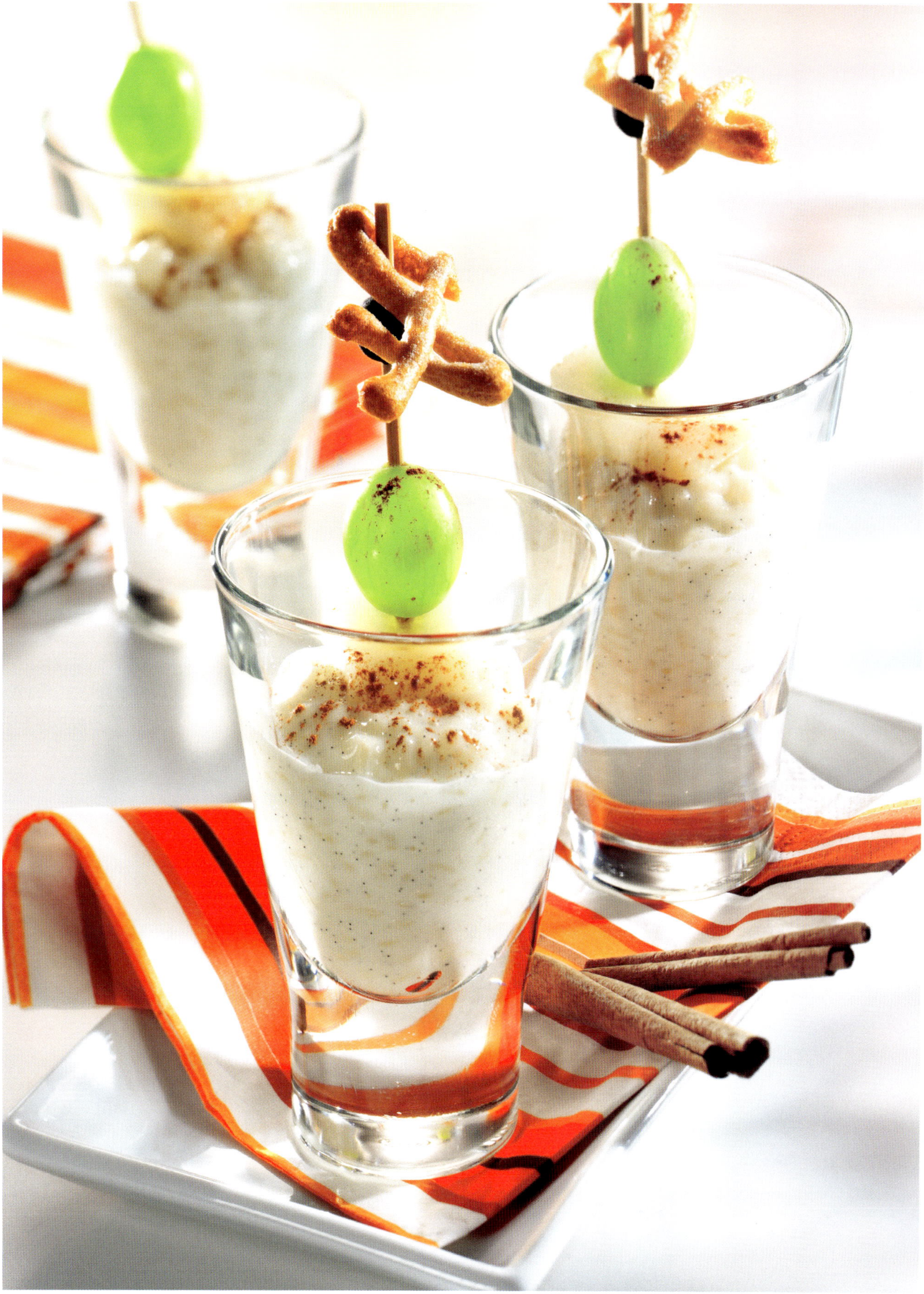

ZITRONENCREME
mit Fruchtspießen

FÜR 4 PORTIONEN

1 Ei
40 g Speisestärke
500 ml Milch
80 g Zucker
1 Prise Salz
abgeriebene Schale und Saft
  von 1 unbehandelten Zitrone
5 Kiwis
250 g Honigmelone
Löffelbiskuits

Das Ei trennen. In einer Schüssel das Eigelb mit der Speisestärke und etwas Milch glatt rühren. Das Eiweiß in den Mixbehälter geben, Rühraufsatz einsetzen und das Eiweiß **ca. 4 Min./Stufe 4** steif schlagen. Umfüllen und den Mixbehälter reinigen.

Die restliche Milch mit 60 g Zucker, Salz, Zitronenschale und -saft in den Mixbehälter geben, **ca. 6 Sek./Stufe 4** verrühren und anschließend **ca. 6 Min./100 °C/Stufe 2** aufkochen. Nach etwa der Hälfte der Zeit die angerührte Speisestärke hinzufügen. Die Creme in eine Schüssel füllen und etwas abkühlen lassen. Das steif geschlagene Eiweiß vorsichtig mit einer Gabel unter die Creme heben. Die Creme in kalt ausgespülte Förmchen geben und im Kühlschrank etwa 3 Stunden fest werden lassen. Den Mixbehälter gründlich reinigen.

4 Kiwis schälen, grob zerkleinern, dann mit dem restlichen Zucker in den Mixbehälter geben und **ca. 20 Sek./Stufe 6** pürieren. Fruchtpüree bis zum Servieren kühl stellen.

Zum Servieren die Creme auf Teller stürzen und mit der Kiwisauce umgeben. Letzte Kiwi schälen und in Scheiben schneiden. Melone schälen und in Würfel schneiden. Melonenwürfel mit halbierten Kiwischeiben auf Spießen in die Zitronencreme stecken. Dazu Löffelbiskuits servieren.

Für 4 Portionen — Einfach — Pro Portion ca. 310 kcal/1290 kJ, 8 g E, 7 g F, 51 g KH — Zubereitung: ca. 35 Min. (3 Std. Kühlen)

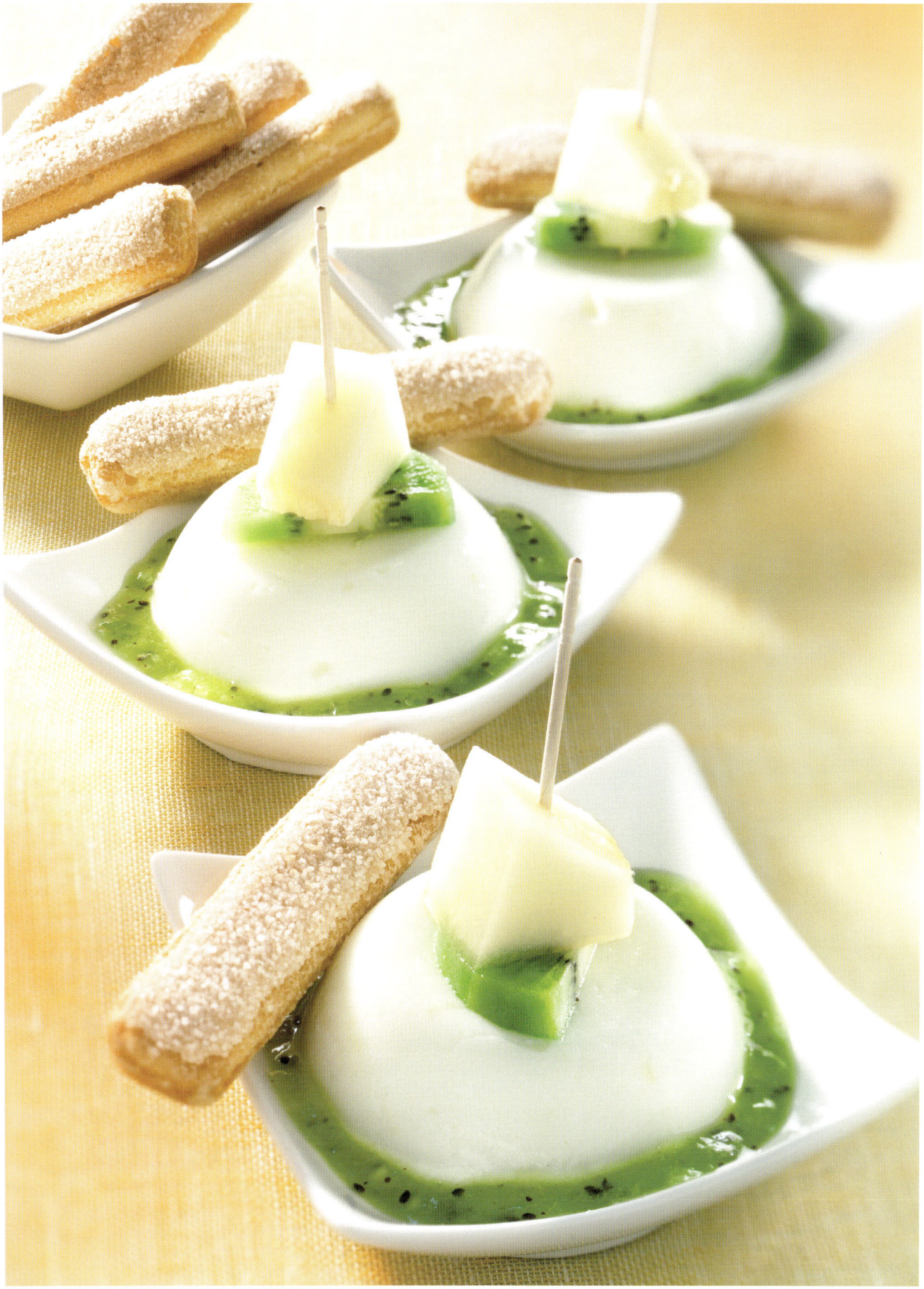

KAFFEE-MUFFINS
mit Mokkaschokolade

FÜR 12 STÜCK

100 g Mokkaschokolade
120 g Butter
50 ml starker Espresso
280 g Mehl
2 Tl Backpulver
1 Tl Zimt
160 g Zucker
½ Tl Salz
200 ml Milch
1 P. Bourbon-Vanillezucker
2 Eier
Papierförmchen für das Blech

Die Mokkaschokolade grob zerteilen, in den Mixbehälter geben, **ca. 20 Sek./Stufe 7** grob zerkleinern und umfüllen. Mixbehälter gründlich reinigen.

Butter in den Mixbehälter geben und **ca. 1 Min./37 °C/Stufe 2** zerlassen. Espresso zugeben, **ca. 10 Sek./Stufe 5** verrühren und etwas abkühlen lassen.

Mehl, Backpulver und Zimt in den Mixbehälter sieben. Zucker, Salz, Milch, Vanillezucker und Eier zugeben und **ca. 45 Sek./Teigknet-Taste** zu einem Teig vermischen.

Die Hälfte der Mokkaschokolade **ca. 20 Sek./Stufe 4** unter den Teig rühren.

Backofen auf 200 °C (Umluft 180 °C) vorheizen. 12 Papierförmchen in die Vertiefungen eines Muffinblechs setzen. Den Teig auf die Muffinförmchen verteilen und die restliche Schokolade darüberstreuen. Auf der mittleren Einschubleiste ca. 20 Minuten backen. Muffins anschließend 5 Minuten in der Form ruhen lassen, dann herausnehmen und auf einem Kuchengitter abkühlen lassen.

Für 12 Stück | Einfach | Pro Stück ca. 270 kcal/1130 kJ 14 g E, 3 g F, 108 g KH | Zubereitung: ca. 15 Min. (20 Min. Backen)

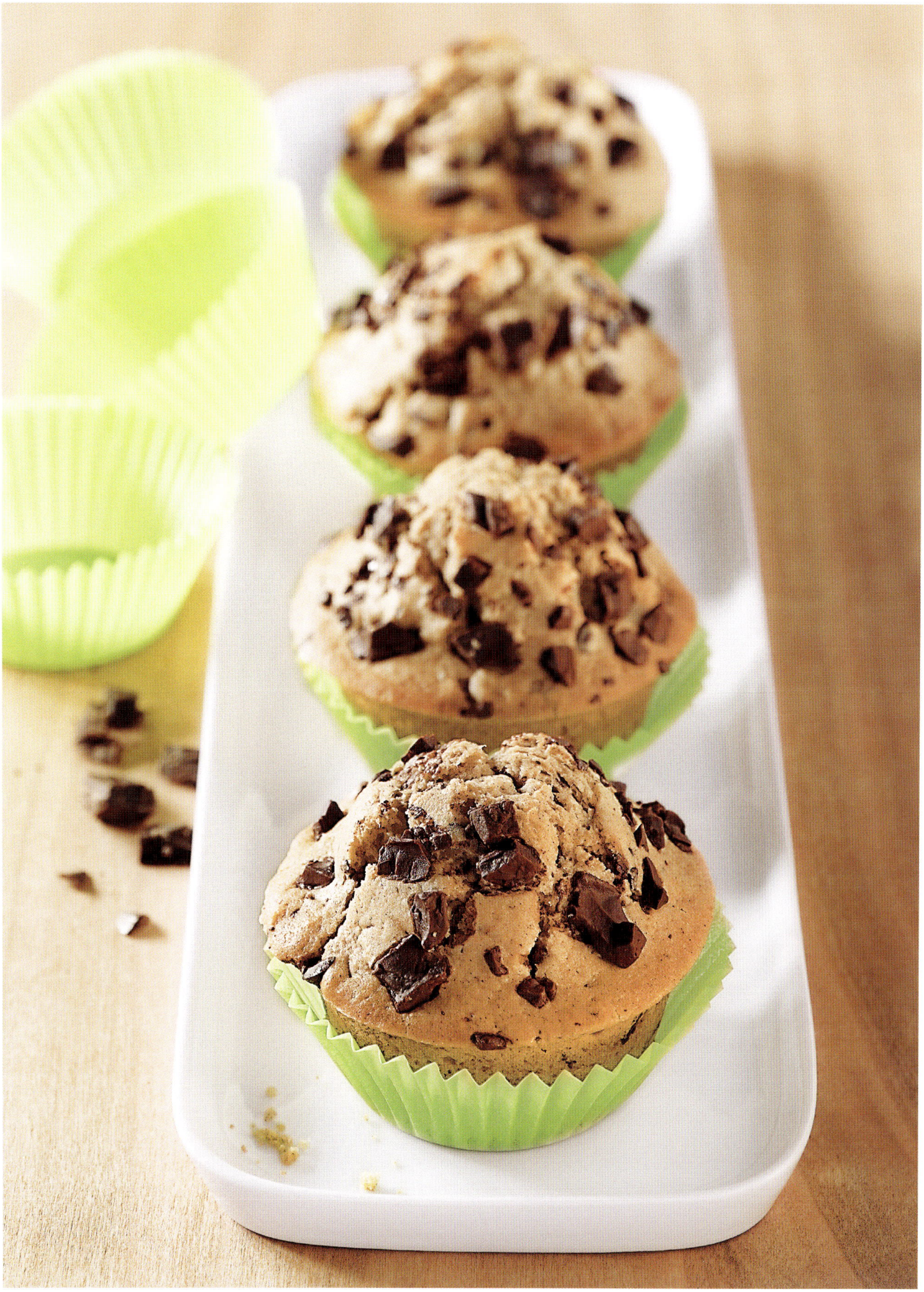

PEACH DAIQUIRI

FÜR 1 GLAS

1 kleiner Pfirsich | 2 cl Limettensaft | 1 Spritzer Zitronensaft | 1 cl Zuckersirup | 4 cl weißer Rum
Eiswürfel | 1 Limettenscheibe zum Dekorieren

Den Pfirsich häuten, das Fruchtfleisch mit Limettensaft, Zitronensaft, Zuckersirup und weißem Rum in den Mixbehälter geben und **ca. 30 Sek./Stufe 8** pürieren.

Die Eiswürfel hinzugeben und **ca. 20 Sek./Stufe 5** mit dem Getränk vermischen. Mit der Limettenscheibe dekoriert servieren.

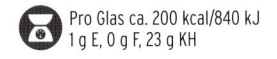

Für 1 Glas — Einfach — Pro Glas ca. 200 kcal/840 kJ, 1 g E, 0 g F, 23 g KH — Zubereitung: ca. 5 Min.

PINK ELEPHANT

FÜR 1 GLAS

4 cl brauner Rum | 1 cl Zitronensaft | 1 cl Grenadinesirup | 2 cl Crème de Bananes | 6 cl Grapefruitsaft
6 cl Maracujanektar | Eiswürfel

Rum, Zitronensaft, Grenadinesirup, Crème de Bananes, Grapefruitsaft und Maracujanektar in den Mixbehälter geben, Rühraufsatz einsetzen und alles **ca. 40 Sek./Stufe 4** aufschäumen. In ein Longdrinkglas auf einige frische Eiswürfel abseihen. Nach eigenem Geschmack garnieren.

Prickelnder **GIN FIZZ**

FÜR 1 GLAS

4 cl Gin | 2 cl Zitronensaft | 1 cl Zuckersirup | 4 Eiswürfel | Soda zum Auffüllen | ½ Zitronenscheibe

Gin, Zitronensaft und Zuckersirup im Mixbehälter **ca. 30 Sek./Stufe 5** gut vermischen und in ein Longdrinkglas auf Eiswürfel gießen. Mit Sodawasser auffüllen und die halbe Zitronenscheibe in das Glas geben.

Für 1 Glas | Einfach | Pro Glas ca. 150 kcal/610 kJ, 0 g E, 0 g F, 9 g KH | Zubereitung: ca. 5 Min.

FROZEN STRAWBERRY MARGARITA

FÜR 2 GLÄSER

FÜR DEN ZUCKERRAND: 2 Zitronenviertel | Zucker | FÜR DIE MARGARITA: 4 cl Limettensaft | 4 cl Tequila | 4 cl Orangenlikör 250 g gefrorene Erdbeeren | 2-4 cl Zuckersirup (je nach Süße der Erdbeeren)

Zur Dekoration den Rand zweier Cocktailschalen mit einem Zitronenviertel befeuchten und in einen flachen, mit Zucker gefüllten Teller tupfen.

Limettensaft, Tequila, Orangenlikör, gefrorene Erdbeeren und Zuckersirup in den Mixbehälter geben und **mind. 40 Sek./Stufe 10** pürieren. Margarita in die Cocktailschalen abgießen.

Für 2 Gläser | Einfach | Pro Glas ca. 210 kcal/860 kJ 1 g E, 0 g F, 26 g KH | Zubereitung: ca. 5 Min.

JUANITAS MIX

FÜR 1 GLAS

100 ml Maracujasaft | 100 ml Ananassaft | 1 El Erdbeersirup | Mineralwasser

Maracujasaft, Ananassaft und Erdbeersirup in den Mixbehälter geben, Rühraufsatz einsetzen und alles **ca. 40 Sek./Stufe 4** aufschäumen. In ein großes Glas geben, mit Mineralwasser auffüllen und nach Belieben dekorieren.

COCKTAILS & DRINKS

BANANA SUMMER

FÜR 2 GLÄSER

1 Banane | 1 Spritzer Bananensirup | 150 ml Milch | 100 ml Ananassaft | etwas Zitronen- oder Limettensaft
4–5 Eiswürfel | 2 Limetten- oder Zitronenscheiben zum Garnieren

Banane, Bananensirup, Milch, Ananassaft und Zitronen- oder Limettensaft in den Mixbehälter geben und **ca. 30 Sek./Stufe 8** pürieren. Die Eiswürfel hinzugeben und **ca. 20 Sek./Stufe 5** mit dem Getränk vermischen.

In Longdrinkgläser abgießen und mit Zitronen- oder Limettenscheiben dekoriert servieren.

Für 2 Gläser Einfach Pro Glas ca. 140 kcal/580 kJ 4 g E, 3 g F, 23 g KH Zubereitung: ca. 5 Min.

KATERKILLER

FÜR 1 GLAS

2 TL Honig | 2 cl Orangensaft | ¼ l Milch | 1 Eigelb | 1 Spritzer Angostura | 1 Orangenachtel | Eiswürfel

Honig, Orangensaft, Milch, Eigelb und Angostura in den Mixbehälter geben, Rühraufsatz einsetzen und alles **ca. 40 Sek./Stufe 4** aufschäumen. Eiswürfel in ein hohes Glas geben und das Getränk darübergießen. Orangenachtel auf den Glasrand stecken und mit Trinkhalm servieren.

Für 1 Glas | Einfach | Pro Glas ca. 380 kcal/1590 kJ, 13 g E, 16 g F, 44 g KH | Zubereitung: ca. 5 Min.

ORANGEN-MARACUJA-FLIP

FÜR 1 GLAS

8 cl Maracujasaft | 8 cl frisch gepresster Orangensaft | 1 Eigelb | 0,5 cl Grenadine | Eiswürfel
1 Cocktailkirsche und 1 Orangenschnitz zum Garnieren

Maracujasaft, Orangensaft, Eigelb, Grenadine und Eiswürfel im Mixbehälter **ca. 40 Sek./Stufe 9** aufschäumen und in ein vorgekühltes Glas geben. Mit Cocktailkirsche und Orangenschnitz dekorieren.

HONIG-FLIP

FÜR 1 GLAS

200 ml Milch | 2 cl schwarzer Johannisbeersaft | 1 El Honig | 1 Eigelb | Eiswürfel | 1 Johannisbeerrispe

Milch, Johannisbeersaft, Honig und Eigelb in den Mixbehälter geben, den Rühraufsatz einsetzen und alles **ca. 40 Sek./Stufe 4** aufschäumen.

Eiswürfel in ein Longdrinkglas geben und das Getränk darübergießen. Die Johannisbeerrispe über den Glasrand hängen und servieren.

FRÜCHTE-FLIP

FÜR 2 GLÄSER

200 ml Kirschsaft | 100 ml heller Traubensaft | 1 Eigelb | Eiswürfel | Mineralwasser | 1 El entsteinte Kirschen

Säfte und Eigelb in den Mixbehälter geben, den Rühraufsatz einsetzen und alles **ca. 40 Sek./Stufe 4** aufschäumen.

Eiswürfel auf zwei Gläser verteilen. Das Getränk in die Gläser gießen, mit Mineralwasser auffüllen und die entsteinten Kirschen hineingeben. Nach Belieben dekorieren.

Für 2 Gläser | Einfach | Pro Glas ca. 130 kcal/550 kJ, 3 g E, 4 g F, 21 g KH | Zubereitung: ca. 5 Min.

REZEPTVERZEICHNIS

Aioli	27
Ananas-Chutney	18
Avocadoplätzchen mit Garnelenmousse	76
Banana Summer	123
Brokkolisuppe mit Räucherspeck, gelierte	63
Brotsuppe mit Fleischwurst	42
Bruschetta mit Tomaten	21
Champignontarte mit Rosmarin	96
Crêperöllchen mit Roquefort-Dip	44
Crêperöllchen mit Ziegenfrischkäse	92
Crêpes-Rolls mit Himbeercreme	104
Eclairs mit zwei Füllungen	57
Erbsencappuccino mit Minze	30
Erbsensuppe, deftige	38
Erdnusssuppe, amerikanische	33
Fischterrine mit Garnelen	80
Frikadellen in Maus- und Igelform	60
Frittatine mit Oliven	46
Frozen Strawberry Margarita	121
Früchte-Flip	127
Fruchtspieße mit Milchreis	112
Gazpachogelee mit Oliven	24
Gin Fizz, prickelnder	120
Hackbraten mit Rahmguss	68
Honig-Flip	126
Juanitas Mix	122
Kaffee-Muffins mit Mokkaschokolade	116
Kartoffelchips mit Guacamole	13
Käsehäppchen mit getrockneten Tomaten	90
Käseküchlein mit Birnentopping	106
Katerkiller	124
Kräuterpasteten mit Frischkäse	49
Kugelbrötchen mit Oliven	10
Kümmeltaschen mit Zwiebel-Aprikosen-Relish	54
Lachs-Pastete mit Rucola	83
Lammspießchen mit Hummusdip	66
Mango-Chutney	18
Mangopüree mit Pistazien & Vanillecreme	111
Maronensüppchen mit Gänseleberspieß	36
Mini-Calzone mit Gorgonzola	50
Mini-Frikadellen marokkanische Art	86
Mini-Quiches mit Sprossen	22
Orangen-Maracuja-Flip	125
Panna Cotta mit Waldbeeren	108
Parmesankörbchen mit Vitello Tonnato	64
Parmesanwaffeln, herzhafte	95
Peach Daiquiri	118
Peperonata	8
Pimientos de Padrón mit Füllung	78
Pink Elephant	119
Polenta mit Kräutermousse	75
Quiche au Fromage	89
Reisbällchen mit Marillenfüllung	103
Rohkost mit zweierlei Dips	16
Rosmarin-Muffins mit Chorizo	58
Satéspieße mit Erdnusssauce	71
Sauerkrauteintopf mit Cabanossi	41
Schafskäsedip	14
Schokokuchen im Glas mit Blaubeeren	98
Spargel mit Zitronen-Hollandaise, grüner	84
Süßkartoffelsuppe mit Äpfeln	34
Tapenade	26
Thunfischdip	14
Vollkorn-Windbeutel mit Frischkäse	52
Waffelhörnchen mit Mousse au Chocolat	100
Wan-Tan-Säckchen mit Seeteufel	72
Zitronencreme mit Fruchtspießen	114
Zwiebelbrötchen, knusprige	28